francés fácil para la E.S.O.

ESPASA

francés fácil para la E.S.O.

MARIE FORTES
MARIE CHRISTINE MERCEUR

ESPASA

Directora de colección: Nuria Esteban Sánchez
Editor: Iñaki Diez de Ulzurrun
Realización de textos: Marie Christine Merceur y Marie Fortes
Diseño de cubierta: Joaquín Gallego

Primera edición: junio, 2002

Depósito legal: M.15.448-2002
I.S.B.N.: 84-670-0148-8

Espasa, en su deseo de mejorar sus publicaciones, agradecerá cualquier sugerencia que los lectores hagan al departamento editorial por correo electrónico: sugerencias@espasa.es

Impreso en España/Printed in Spain
Impresión: UNIGRAF, S. L.

Editorial Espasa Calpe, S. A.
Carretera de Irún, km 12,200. 28049 Madrid

ÍNDICE

LOS DETERMINANTES

LOS ARTÍCULOS DETERMINADOS

le **la** **l'** **les**

☞ Se utiliza el artículo determinado **le, la, l', les** cuando hablamos de una cosa determinada. Observa sobre todo la elisión **l'** delante de vocal o **h** muda:

le pays de Mohammed	*el país de Mohammed*
la fiancée de Sébastien	*la novia de Sébastien*
l'encyclopédie universelle	*la enciclopedia universal*
l'horloge du salon	*el reloj del salón*
les années 60	*los años 60*

ARTÍCULOS DETERMINADOS
☹
ERRORES COMUNES

✎ Ejemplos

MAL ➪ Jai grippe, varicelle.
BIEN ➪ J'ai la grippe, la varicelle.
Tengo gripe, varicela.

MAL ➪ Il n'a pas sida.
BIEN ➪ Il n'a pas le sida.
No tiene sida.
→ **Aunque en español no se usa el artículo determinado, en francés es obligatorio.**

MAL ➪ Les lundis, je fais du sport.
BIEN ➪ Le lundi, je fais du sport.
Los lunes hago deporte.
→ **Si quieres decir que sueles hacer algo en un día concreto, debes utilizar el artículo determinado singular**.

LOS ARTÍCULOS INDETERMINADOS

un
une
des

☞ Se utiliza el artículo indeterminado **un, une, des** cuando se habla de cosas contables e indeterminadas:

un copain	*un amigo*
une copine	*una amiga*

des paysages magnifiques — *unos paisajes magníficos*
Vous avez **des** enfants? — *¿Tiene hijos?*

ARTÍCULOS INDETERMINADOS
☹
ERRORES COMUNES

✎ Ejemplos

MAL ➪ J'ai amis.
BIEN ➪ J'ai des amis.
Tengo amigos.

MAL ➪ Il utilise dictionnaires.
BIEN ➪ Il utilise des dictionnaires.
Usa diccionarios.
→ Aunque en español no se usa el artículo indeterminado, en francés es obligatorio. No puedes usar «uns» o «unes» en lugar de «des».

LOS ARTÍCULOS PARTITIVOS

Forma afirmativa	Forma negativa o después de cantidades
du **de la** **de l'** **des**	**de** **d'**

☞ Estos artículos se utilizan para indicar una cantidad indefinida de algo no contable o parte de un conjunto.

☞ El artículo partitivo francés no tiene traducción en español. Sus formas son:

du, de la, de l', des

🔔 **¡Atención!**

Observa estas construcciones:

➪ **du** va seguido de un sustantivo masculino singular:

En France, on mange **du** fromage.
En Francia se come queso.

➪ **de la** va seguido de un sustantivo femenino singular:

À midi, je mange souvent **de la** viande.
A mediodía, suelo comer carne.

➪ **de l'** va seguido de un sustantivo masculino o femenino singular que empieza por vocal o **h**:

Je bois **de l'**eau.
Bebo agua.
Je mets **de l'**huile dans la salade.
Echo aceite en la ensalada.

➪ **des** va seguido de un sustantivo masculino o femenino plural:

En Espagne, on mange **des** olives/des amuse-gueules pour l'apéritif.
En España se comen aceitunas/pinchos de aperitivo.

🔔 **¡Atención!**

El partitivo se transforma en **de/d'** después de un adverbio de cantidad:

Assez de/d'	*bastante/s*
Plus de/d'	*más*
Autant de/d'	*tanto/a/s*
Tant de/d'	*tanto/a/s*
Beaucoup de/d'	*mucho/a/s*
Tellement de/d'	*tanto/a/s*
Combien de/d'	*cuanto/a/s*
Trop de/d'	*demasiado/a/s*
Moins de/d'	*menos*

Il a **beaucoup de** mérite/**trop d'**argent/**plus de** chance que moi.
Tiene mucho mérito/demasiado dinero/más suerte que yo.

ARTÍCULOS PARTITIVOS
☹
ERRORES COMUNES

✎ Ejemplos

MAL ➪ Je mange chocolat.
BIEN ➪ Je mange du chocolat.
Como chocolate.
→ **Aunque en español no se usa el artículo partitivo, en francés es obligatorio.**

MAL ➪ Combien enfants avez-vous?
BIEN ➪ Combien d'enfants avez-vous?
¿Cuántos hijos tiene usted?

FORMA NEGATIVA DE LOS ARTÍCULOS INDETERMINADOS Y PARTITIVOS

de
d'

☞ En una frase negativa, los artículos indeterminados y partitivos se convierten en **de** o **d'** si el sustantivo empieza por vocal o **h:**

Je n'ai pas **de** livre.
No tengo libro.
Il n'utilise pas **de** dictionnaire.
No utiliza diccionario.
Je ne mange jamais **de** pain/**d'**oignon.
Nunca como pan/cebolla.
Je ne veux pas **de** viande/**d'**eau.
No quiero carne/agua.
Je n'achète pas **de** pommes/**d'**asperges/**de** livres/**d'**agendas.
No compro manzanas/espárragos/libros/agendas.

🔔 **¡Atención!**

Hay una excepción. Con el verbo **être** se conservan los artículos **un, une, des** o **du, de la** o **de l'.**

✎ Ejemplos:

C'est un livre. Ce n'est pas un livre.
Es un libro. No es un libro.
C'est du chocolat blanc. Ce n'est pas du chocolat blanc.
Es chocolate blanco. No es chocolate blanco.

LOS ADJETIVOS POSESIVOS

<table>
<tr><th rowspan="2">un poseedor</th><th colspan="2">una cosa poseída</th></tr>
<tr><th>masculino</th><th>femenino</th></tr>
<tr><td>je</td><td>mon</td><td>ma + consonante
mon + vocal o h muda</td></tr>
<tr><td>tu</td><td>ton</td><td>ta + consonante
ton + vocal o h muda</td></tr>
<tr><td>il/elle</td><td>son</td><td>sa + consonante
son + vocal o h muda</td></tr>
<tr><th>un poseedor</th><th colspan="2">varias cosas poseídas</th></tr>
<tr><td>je</td><td colspan="2">mes</td></tr>
<tr><td>tu</td><td colspan="2">tes</td></tr>
<tr><td>il/elle</td><td colspan="2">ses</td></tr>
<tr><th>varios poseedores</th><th colspan="2">una cosa poseída</th></tr>
<tr><td>nous</td><td colspan="2">notre</td></tr>
<tr><td>vous</td><td colspan="2">votre</td></tr>
<tr><td>ils/elles</td><td colspan="2">leur</td></tr>
<tr><th>varios poseedores</th><th colspan="2">varias cosas poseídas</th></tr>
<tr><td>nous</td><td colspan="2">nos</td></tr>
<tr><td>vous</td><td colspan="2">vos</td></tr>
<tr><td>ils/elles</td><td colspan="2">leurs</td></tr>
</table>

🔔 **¡Atención!**

Ma, ta, sa delante de vocal o **h** muda se sustituye por **mon, ton, son:**

Mon actrice préférée.
Mi actriz preferida.
Mon hésitation a été fatale.
Mi duda fue fatal.

TRADUCCIONES DE *SU* Y *SUS*

☞ La traducción de *su* o *sus* resulta a veces problemática para los hispanohablantes. Recuerda lo siguiente:

➪ ***Su* (singular) tiene cuatro traducciones:**

→ **sa:** una cosa o una persona de género femenino de él o de ella:

Juan (ou Juana) me montre **sa** maison.
Juan (o Juana) me enseña su casa.

→ **son:** una cosa o una persona de género masculino o femenino delante de vocal o h:

Juan (ou Juana) me montre **son** appartement.
Juan (o Juana) me enseña su piso.
Juan (ou Juana) me présente à **son** amie.
Juan (o Juana) me presenta a su amiga.

→ **leur:** una cosa de género masculino o femenino de ellos o de ellas:

Juan et Pedro me montrent **leur** maison/**leur** appartement.
Juan y Pedro me enseñan su casa/su piso.
Juana et Petra me montrent **leur** maison/**leur** appartement.
Juana y Petra me enseñan su casa/su piso.

→ **votre:** un objeto de género masculino o femenino de usted, ustedes, vosotros o vosotras.

Voilà **votre** café/**votre** jus d'orange, madame.
He aquí su café/su zumo de naranja, señora.
Votre rendez-vous est confirmé, mesdames.
Su cita está confirmada, señoras.

➪ ***Sus* (plural) tiene tres traducciones:**

→ **ses:** varias cosas de género masculino o femenino de él o de ella:

Juan (ou Juana) me montre **ses** dessins/**ses** feuilles.

Juan (o Juana) me enseña sus dibujos/sus hojas.

→ **leurs:** varias cosas de género masculino o femenino de ellos o de ellas:

Juan et Pedro me montrent **leurs** dessins/**leurs** feuilles.

Juan y Pedro me enseñan sus dibujos/sus hojas.

Juana et Petra me montrent **leurs** dessins/**leurs** feuilles.

Juana y Petra me enseñan sus dibujos/sus hojas.

→ **vos:** varios objetos de género masculino o femenino de usted, ustedes, vosotros o vosotras:

Voilà **vos** gâteaux, monsieur.

Aquí tiene sus pasteles, señor.

Voilà **vos** gâteaux, mesdames.

Aquí tienen sus pasteles, señoras.

¡Atención!

Fíjate en la preposición que expresa la posesión. En francés se emplea la preposición **à:**

À qui est ce vélo? Il est **à ma soeur.**

Mientras que en español se emplea la preposición **de:**

*¿**De quién** es esta bici? Es **de mi hermana.***

ARTÍCULOS POSESIVOS

☹

ERRORES COMUNES

✎ Ejemplos

MAL ➪ Je vous donne son livre.

BIEN ➪ Je vous donne votre livre.

Le doy su libro (a usted).

→ **No olvides que para expresar el tratamiento de cortesía no puedes usar los posesivos de la tercera persona sino los de la segunda persona del plural.**

MAL ⇨ Ce livre est de ma soeur.
BIEN ⇨ Ce livre est à ma soeur.
Este libro es de mi hermana.
→ **No olvides que para expresar la posesión se usa la preposición «à» y no «de».**

MAL ⇨ J'ai mal à ma tête.
BIEN ⇨ J'ai mal à la tête.
Me duele la cabeza.
→ **Al hablar de las partes del cuerpo, el posesivo se sustituye por el artículo determinado o contracto.**

LOS ADJETIVOS DEMOSTRATIVOS

	masculino	**femenino**
singular	ce - cet	cette
plural	ces	ces

Ce livre est passionnant.
Este libro es apasionante.
Ces livres sont passionnants.
Estos libros son apasionantes.
Cette dame est sympathique.
Esta señora es simpática.
Ces dames sont sympathiques.
Estas señoras son simpáticas.

☞ **Cet** se usa delante de una palabra masculina singular que empieza por vocal o **h** muda:

Cet élève est studieux.
Este alumno es estudioso.
Cet hôtel est très cher.
Este hotel es muy caro.

¡Atención!

En francés, *ese/a/esos/as* y *aquel/la/los/las* no tienen tantos matices como en español. No obstante, se puede usar:

- demostrativo + sustantivo + **-ci** para hacer referencia a algo más cercano:

  Ce livre-ci est passionnant.

  Este libro es apasionante.

- demostrativo + sustantivo + **-là** para referirse a algo más lejano:

  Cet homme-là était très beau.

  Aquel hombre era muy guapo.

LOS SUSTANTIVOS

EL GÉNERO

☞ Regla general: femenino = masculino + **e**

Para formar el femenino se suele añadir una **e** al nombre masculino que acaba en consonante o en una vocal que no sea **e:**

un assistant [asistɑ̃]	une assistant**e** [asistɑ̃t]
un français [frɑ̃sɛ]	une français**e** [frɑ̃sɛz]
un ami [ami]	une ami**e** [ami]

🔔 **¡Atención!**

Observa que si la palabra acaba en vocal en masculino no cambia su pronunciación al añadirle una **e** en femenino.

☞ **Casos particulares:**

➪ Se puede duplicar la consonante final:

un chat	une cha**tt**e

➪ Puede desaparecer el sonido nasal:

un italien [italjɛ̃]	une italienne [italjɛn]
un américain [amerikɛ̃]	une américaine [amerikɛn]
un espion [espjɔ̃]	une espionne [espjon]
un paysan [peizɑ̃]	une paysanne [peizan]

➪ Los nombres que en masculino acaban en **e** no cambian en femenino; sólo cambia el determinante que los acompaña:

un journaliste	une journaliste
cet élève	cette élève

🔔 **¡Atención!**

Podrías pensar que los nombres que acaban en **e** son femeninos, pero en realidad muchos de ellos son masculinos:

un problème	un sourire
un système	un groupe
un programme	un domaine

Y, en cambio, muchos nombres que terminan en **eur** son femeninos:

la peur
la valeur
la chaleur
la fleur

☞ Te ofrecemos una lista de las modificaciones habituales en la terminación de los nombres cuando pasan del masculino al femenino:

masculino	femenino	ejemplos
-er	**-ère**	boulanger/boulangère
-(i) en	**-(i) enne**	politicien/politicienne
-e	**-esse**	maire/mairesse
-eur	**-euse**	coiffeur/coiffeuse
-eur	**-trice**	instituteur/institutrice
-eau	**-elle**	chameau/chamelle
-f	**-ve**	sportif/sportive
-ion	**-ionne**	champion/championne

☞ Como podrás ver en el cuadro siguiente, existen muchas excepciones; pero, por lo general, la terminación del nombre puede indicar si es masculino o femenino:

<table>
<tr><th>sufijos de nombres masculinos</th><th>ejemplos</th><th colspan="2">excepciones femeninas</th></tr>
<tr><td>-ent</td><td>monument
argument</td><td colspan="2">dent
jument</td></tr>
<tr><td>-phone</td><td>téléphone
magnétophone</td><td colspan="2"></td></tr>
<tr><td>-age</td><td>cirage
ménage</td><td>image
page
nage
rage</td><td>cage
plage</td></tr>
<tr><td>-ier</td><td>couturier
cendrier</td><td colspan="2"></td></tr>
<tr><td>-teur</td><td>acteur
aspirateur</td><td colspan="2"></td></tr>
<tr><td>-isme</td><td>séisme
vandalisme</td><td colspan="2"></td></tr>
<tr><td>-scope</td><td>magnétoscope
stétoscope</td><td colspan="2"></td></tr>
<tr><td>-eau</td><td>bateau
un bureau</td><td colspan="2">eau
peau</td></tr>
</table>

sufijos de nombres femeninos	ejemplos	excepciones masculinas
-esse	politesse richesse	
-tion	pollution solution	
-sion	décision émission	

sufijos de nombres femeninos	ejemplos	excepciones masculinas	
-ade	limonade promenade	grade stade jade	
-ise	banquise cerise		
-ette	silhouette disquette	squelette	
-té	célébrité société	côté été comité doigté traité	député pâté comté décolleté
-ure	voiture confiture	carbure murmure	cyanure parjure
-ie	modestie diplomatie	génie incendie parapluie	
-ude	solitude certitude		
-ode	mode méthode	épisode exode	
-ence	différence	silence	
-ance	chance		
-anse	danse		

☞ A continuación, se muestran algunos ejemplos de palabras comunes con distinto género en francés y en español, observa estas líneas temáticas:

Alimentación:

francés	español
la banane	el plátano
le bar	la lubina
le beurre	la mantequilla
la courgette	el calabacín
la datte	el dátil
la figue	el higo
le fruit	la fruta
la glace	el helado
le lait	la leche
la lotte	el rape
le miel	la miel
la moule	el mejillón
un oignon	una cebolla
la pêche	el melocotón
le poivre	la pimienta
le pruneau	la ciruela pasa
le raisin	la uva
le sel	la sal
la tomate	el tomate

Ambiente, tiempo:

francés	español
le brouillard	la niebla
la chaleur	el calor

francés	español
la foudre	el rayo
la fumée	el humo
le givre	la escarcha
la grêle	el granizo
la poussière	el polvo
une odeur	un olor

Animales:

francés	español
le lièvre	la liebre
le papillon	la mariposa
le serpent	la serpiente
le zèbre	la cebra

Ciudad, establecimientos:

francés	español
la banque	el banco
le bureau	la oficina
une équipe de football	un equipo de fútbol
le magasin	la tienda
le réseau	la red
le trottoir	la acera
la voiture	el coche

Cuerpo humano:

francés	español
le cil	la pestaña
la cheville	el tobillo
la cuisse	el muslo
la dent	el diente
le dos	la espalda
une épaule	un hombro
le front	la frente
le genou	la rodilla
la lèvre	el labio
le menton	la barbilla
le nez	la nariz
la poitrine	el pecho
un ongle	una uña
le sourcil	la ceja
le visage	la cara

Momentos:

francés	español
le matin	la mañana
la période	el período
le soir	la tarde

Ropa y complementos:

francés	español
la bague	el anillo
le blouson	la cazadora
la boucle d'oreille	el pendiente
le bracelet	la pulsera
la ceinture	el cinturón
la chaussette	el calcetín
la chaussure	el zapato
le chemisier	la blusa
le collant	la media
la montre	el reloj
le noeud papillon	la pajarita
le portefeuille	la cartera
la robe	el vestido
le sac à dos	la mochila
la salopette	el peto
le tissu	la tela

Sentimientos:

francés	español
la crainte	el temor
le doute	la duda
la peur	el miedo

Conceptos, situaciones:

francés	español
l'augmentation	el aumento
le besoin	la necesidad
la croissance	el crecimiento
la donnée	el dato
une erreur	un error
un ordre	una orden
un rendez-vous	una cita
la valeur	el valor

Utensilios, herramientas, objetos:

francés	español
une assiette	un plato
la brosse	el cepillo
la cassette	el cassette
la colle	el pegamento
le cerf-volant	la cometa
le drap	la sábana
un écran	la pantalla
la fourchette	el tenedor
la malle	el baúl
la nappe	el mantel
le rideau	la cortina
la souris	el ratón
le tapis	la alfombra
la trousse	el estuche

☞ Algunos nombres que designan profesiones todavía no tienen forma femenina en francés; este problema se soluciona añadiendo delante la palabra **femme:**

un professeur	une femme professeur
un juge	une femme juge
un médecin	une femme médecin

EL NÚMERO

☞ Por lo general, el plural se forma añadiendo una **s** al singular:

un garçon	des garçons
une fille	des filles

Casos particulares:

➪ Se añade una **x** a las palabras que acaban en **au, eau eu:**

un tuyau	des tuyaux
un bateau	des bateaux
un cheveu	des cheveux

🔔 **Excepciones:** pneu(s), landau(s), bleu(s).

➪ Algunos nombres que en singular acaban en **al** o en **ail** forman el plural en **aux:**

amiral	bail	canal
cheval	corail	émail
journal	piédestal	soupirail
travail	vantail	vitrail

Pero a otros sólo se les añade una **s:**

ail	bal	cal
cérémonial	chacal	détail
étal	éventail	festival
pal	récital	régal

➪ Los nombres que terminan en **ou** suelen llevar una **s** en plural, salvo los siguientes siete sustantivos que acaban en **x:**

bijou	caillou	chou
genou	hibou	joujou
pou		

➪ Los nombres que en singular terminan en **z**, en **x** o en **s** no cambian en plural:

le gaz	les gaz
le prix	les prix
le matelas	les matelas

Los nombres **oeil**, **ciel** y **aïeul** tienen asimismo un plural irregular: **yeux, cieux** y **aïeux.**

➪ Hay nombres que sólo se usan en plural:

les archives	les arrhes	les bagages
les bestiaux	les décombres	les funérailles
les gens	les ténèbres	les vacances

LOS ADJETIVOS

☞ Recuerda que los adjetivos calificativos concuerdan en género y número con el nombre al que acompañan.

🔔 **¡Atención!**

No olvides estas reglas:

➪ El femenino se forma añadiendo una **e:**

petit — petit**e**

grand — grand**e**

➪ El plural se forma añadiendo una **s:**

masculino		**femenino**	
petit	petits	petite	petites
grand	grands	grande	grandes

☞ Este cuadro te ofrece una larga lista de adjetivos y sus terminaciones:

Masculino singular	**Masculino plural**	**Femenino singular**	**Femenino plural**
al décim**al**	**aux** décima**ux**	**ale** décim**ale**	**ales** décim**ales**
as bas	**as** bas	**asse** basse	**asses** basses

Masculino singular	Masculino plural	Femenino singular	Femenino plural
c blan**c**	**cs** blan**cs**	**che** blan**che**	**ches** blan**ches**
c tur**c**	**cs** tur**cs**	**que** tur**que**	**ques** tur**ques**
e roug**e**	**es** roug**es**	**e** roug**e**	**es** roug**es**
eau b**eau**	**eaux** b**eaux**	**elle** b**elle**	**elles** b**elles**
eil par**eil**	**eils** par**eils**	**eille** par**eille**	**eilles** par**eilles**
el cru**el**	**els** cru**els**	**elle** cru**elle**	**elles** cru**elles**
en parisi**en**	**ens** parisi**ens**	**enne** parisi**enne**	**ennes** parisi**ennes**
er premi**er**	**ers** premi**ers**	**ère** premi**ère**	**ères** premi**ères**
et n**et**	**ets** n**ets**	**ette** n**ette**	**ettes** n**ettes**
et compl**et**	**ets** compl**ets**	**ète** compl**ète**	**ètes** compl**ètes**
eur rêv**eur**	**eurs** rêv**eurs**	**euse** rêv**euse**	**euses** rêv**euses**
eur extéri**eur**	**eurs** extéri**eurs**	**eure** extéri**eure**	**eures** extéri**eures**
eur récept**eur**	**eurs** récept**eurs**	**ice** réceptr**ice**	**ices** réceptr**ices**

Masculino singular	Masculino plural	Femenino singular	Femenino plural
f acti**f**	**fs** acti**fs**	**ive** act**ive**	**ives** act**ives**
on b**on**	**ons** b**ons**	**onne** b**onne**	**onnes** b**onnes**
ou f**ou**	**ous** f**ous**	**olle** f**olle**	**olles** f**olles**
s gri**s**	**s** gri**s**	**se** gri**se**	**ses** gri**ses**
x sérieu**x**	**x** sérieu**x**	**se** sérieu**se**	**ses** sérieu**ses**

¡Excepciones!
Observa estos cuadros:
➪ El femenino irregular:

masculino	femenino
ambigu	ambig**üe**
chic	chic
favori	favori**te**
frais	fra**îche**
gentil	genti**lle**
long	long**ue**
malin	mali**gne**
nul	nu**lle**
roux	rou**sse**
sot	so**tte**
vieux	vie**ille**

➪ El femenino singular de algunos adjetivos no varía:

masculino	femenino
châtain	châtain
grenat	grenat
marron	marron

un homme/une femme châtain
un pull/une perle grenat
un pull/une jupe marron

Tampoco varían los adjetivos terminados en **e** (consulta el primer cuadro).

☞ En cuanto al lugar que ocupa en la frase, observa que casi todos los adjetivos se colocan después del sustantivo:

C'est un livre **intéressant.**
Es un libro interesante.
J'aime l'éducation **physique** et **sportive.**
Me gusta le educación física.

Pero existen adjetivos que se colocan delante del nombre. Te ofrecemos una lista de los más comunes:

beau	gentil	méchant	meilleur	grand
bon	haut	moindre	petit	
gros	joli	pire	vieux	
jeune	long	mauvais	vilain	

La posición de **grand** cambia su significado:

un homme **grand**	*un hombre alto*
un **grand** homme	*un gran hombre*

☞ **Adjetivos irregulares**

Singular	Plural
beau, bel, belle/*bello,a*	**beaux, belles/*bellos, as***
un beau tableau/*cuadro*	de beaux tableaux
un bel hôtel/*hotel*	de beaux hôtels

Singular	Plural
un bel arbre/*árbol*	de beaux arbres
une belle cuisine/*cocina*	de belles cuisines
nouveau, nouvel, nouvelle/ *nuevo, a*	**nouveaux, nouvelles/ *nuevos, as***
un nouveau locataire/*inquilino*	de nouveaux locataires
un nouvel appart/*piso*	de nouveaux apparts
hôpital/*hospital*	hôpitaux
une nouvelle salle/*sala*	de nouvelles salles
vieux, vieil, vieille/*viejo, a*	**vieux, vieilles/*viejos, as***
un vieux logement/*alojamiento*	de vieux logements
un vieil immeuble/*edificio*	de vieux immeubles
hôtel/*hotel*	hôtels
une vieille maison/*casa*	de vieilles maisons
fou, fol, folle/*loco, a*	**fous, folles/*locos, as***
un fou week-end/*fin de semana*	de fous week-ends
un fol emploi du temps, **horaire/*horario***	de fous emplois du temps, **horaires**
une folle journée/*jornada*	de folles journées

ADJETIVOS
☹
ERRORES COMUNES

✎ Ejemplos

MAL ➪ C'est un film beau.
BIEN ➪ C'est un beau film.
Es una película bonita.
→ **No olvides que algunos adjetivos nunca se utilizan detrás de los nombres.**

Los pronombres

LOS PRONOMBRES SUJETO

je, j' (delante de vocal o h)
tu
il, elle, on
nous
vous
ils, elles

☞ Si el verbo no lleva ningun sujeto, estos pronombres son **imprescindibles,** ya que las terminaciones de los verbos no bastan para determinar cuál es el sujeto del verbo.

PRONOMBRES SUJETO
☹
ERRORES COMUNES

✎ Ejemplos

MAL ➪ Suis contente.
BIEN ➪ Je suis contente.
Estoy contenta.
→ **No olvides que siempre se utiliza un sujeto para el verbo.**

EL PRONOMBRE *ON*

☞ **ON** es un pronombre personal sujeto indefinido; cualquier verbo que tiene como sujeto **on** tiene que conjugarse en la tercera persona del singular como **il** o **elle.**

☞ **Valores de *on***

➪ ***On*** con sentido de ***nous.***

Muchas veces, **on** sustituye a **nous** en el significado. Se usa más en el lenguaje hablado, mientras que **nous** corresponde más bien al lenguaje escrito.

Rémy et moi, on habite à Lyon maintenant.
Rémy y yo vivimos en Lyon ahora.
Rémy et moi on est partis à Barcelone la semaine dernière.
Remy y yo nos fuimos a Barcelona la semana pasada.

Ya que representa un plural, se suele añadir una **s** al participio pasado (como si el sujeto fuera **nous**), aunque, como podrás comprobar, el auxiliar viene en la tercera persona del singular como hemos indicado antes.

➪ ***On*** con valor de ***tu*** o ***vous.***

Algunas veces, se usa **on** como una manera afectiva o irónica de dirigirse a un interlocutor:

Alors, les enfants, on a été sages avec mamie?
Bueno, niños, ¿os habéis portado bien con la abuela?
On fait la rigolote aujourd'hui?
¿Te estás haciendo la graciosa hoy?

➪ ***On*** con valor indeterminado.

On ne peut pas tout savoir.
Uno no puede saberlo todo.

➪ ***On*** con valor general.

En Espagne, on fait les omelettes avec des pommes de terre.
En España, las tortillas se hacen con patatas.
Le dimanche, on s'habillait bien pour aller déjeuner chez les grands-parents.
Los domingos, la gente vestía bien para ir a comer a casa de los abuelos.

➪ Uso particular de ***on.***

Cuando va acompañado de **soi** o de un posesivo:

On a toujours besoin de ses amis.
Uno siempre necesita a sus amigos.
On pense toujours à soi.
Uno siempre piensa en sí mismo.

OPOSICIÓN C'EST/IL EST

☞ Se usa **c'est** para identificar a personas y cosas:

C'est un garçon sympa.
Es un chico simpático.

¡Atención!

Fíjate en la estructura siguiente:

C'est moi qui **ai** fait ça.
C'est toi qui **as** fait ça.

Observa que el verbo concuerda con el pronombre tónico, lo que no sucede en español:

Soy yo quien ha hecho esto.
Eres tú quien ha hecho esto.

☞ Si **être** va seguido de un adjetivo, el sujeto puede ser:

➪ il/elle

Il est beau/elle est belle.
Es guapo/a.

➪ **Ce/c'** funciona como sujeto, especialmente cuando se refiere a una idea o un hecho ya conocidos pero no obligatoriamente especificados mediante un sustantivo concreto:

C'est certain?
¿Es eso cierto?
Ce sera intéressant.
Esto será interesante.
Une bonne paëlla, **c'**est difficile à faire.
Una buena paella es difícil de hacer.

☞ Recuerda que cuando el adjetivo va seguido de **que** o **de** suele usarse el impersonal **il:**

Il est certain qu'il s'agit d'un sujet difficile.
Es cierto que se trata de un tema difícil.
Il est possible d'avoir àttendre jusqu'à demain.
Puede que haya que esperar hasta mañana.

C'EST/IL EST
☹
ERRORES COMUNES

✎ Ejemplos

MAL ➪ Il est un garçon.
BIEN ➪ C'est un garçon.
Es un chico.
→ Si a un artículo sigue el verbo «être» (est), debes utilizar «c'est».

LOS PRONOMBRES TÓNICOS

Personas	Singular	Plural
Primera persona	moi	nous
Segunda persona	toi	vous
Tercera persona masculino **Tercera persona femenino**	lui elle	eux elles

☞ Se utilizan para dar énfasis al sujeto. En este caso, pueden colocarse al principio de la frase seguidos de una coma, o al final precedidos de una coma:

Moi, je m'appelle Marie.
Je m'appelle Marie, moi.
Yo me llamo Marie.

¡Atención!

En español sólo se usa el pronombre personal sujeto.

➪ Detrás de las preposiciones:

C'est pour toi.
Es para ti.
Il part avec lui en Italie.
Se va con él a Italia.

➪ En las oraciones cortas o sin verbos:

Je m'appelle Marie, et toi?
Me llamo Marie, ¿y tú?
Qui veut un bonbon? Moi! Moi!
¿Quién quiere un caramelo? ¡Yo, yo!

LOS PRONOMBRES TÓNICOS PARA EXPRESAR ACUERDO

Para indicar que coincides con alguien (en ideas, actuaciones, etc.), emplea la siguiente expresión:

pronombre tónico + aussi/non plus

➪ Afirmación:

Je vais à la fac.	*Voy a la facultad.*
Moi aussi!	*¡Yo también!*

➪ Negación:

Je n'aime pas les sciences.	*No me gustan las ciencias.*
Moi non plus.	*A mí tampoco.*

LOS PRONOMBRES TÓNICOS PARA EXPRESAR DESACUERDO

Para indicar que no coincides con alguien (en ideas, actuaciones, etc.), emplea la siguiente expresión:

pronombre tónico + non/si

➪ Afirmación:

T: Je vais à la fac.	*Voy a la facultad.*
A: Moi, non!	*¡Yo, no!*

➩ Negación:

T: Je n'aime pas les sciences. *No me gustan las ciencias.*
A: Moi, si. *A mí, sí.*

LOS PRONOMBRES POSESIVOS

☞ El pronombre posesivo se forma con un artículo determinado. Concuerda en número y género con el nombre al que sustituye:

Ma robe est plus jolie que **la tienne:** elle a des boutons rouges.
Mi vestido es más bonito que el tuyo: tiene botones rojos.

persona y género	un objeto poseído	varios objetos poseídos	un objeto poseído	varios objetos poseídos
1ª pers. masc.	le mien	les miens	le nôtre	les nôtres
fem.	la mienne	les miennes	la nôtre	les nôtres
2ª pers. masc.	le tien	les tiens	le vôtre	les vôtres
fem.	la tienne	les tiennes	la vôtre	les vôtres
3ª pers. masc.	le sien	les siens	le leur	les leurs
fem.	la sienne	les siennes	la leur	les leurs

☞ Existe también una forma alternativa para expresar la posesión, que se forma con **être + à +** pronombre tónico.

Cette batterie est **la mienne.**
Esta batería es mía.
Cette batterie est **à moi.**
Esta batería es mía.

¡Atención!
Recuerda que **le vôtre** puede significar *el vuestro, el suyo (de usted* o *de ustedes).*

🔔 **¡Atención!**

Los pronombres posesivos de la 1ª y la 2ª persona del plural llevan un acento circunflejo que no llevan los adjetivos:

C'est **notre** copain. (adjetivo)
Es nuestro amigo.

C'est **le nôtre.** (pronombre)
Es el nuestro.

LOS PRONOMBRES DEMOSTRATIVOS

☞ Los pronombres demostrativos aparecen en forma simple (**celui**) o reforzada (**celle-ci, ceux-là**).

número	masculino	femenino	neutro
singular simple *reforzado*	celui celui-ci, celui-là	celle celle-ci, celle-là	ce/c' ceci, cela, ça
plural simple *reforzado*	ceux ceux-ci, ceux-là	celles celles-ci, celles-là	

☞ Las formas simples suelen emplearse:

➩ delante de una preposición, especialmente **de:**

Il a ses propres chemises mais il préfère **celles de** son frère.
Tiene sus propias camisas pero prefiere las de su hermano.

➩ delante de un pronombre relativo:

Tu veux cette tarte ou tu aimes mieux **celle que** j'ai faite hier?
¿Quieres esta tarta o prefieres la que hice ayer?

Les étudiants qui réussissent le mieux sont **ceux qui** étudient le plus.
Los estudiantes que mejores resultados tienen son los que más estudian.

Aimes-tu ce nouveau disque? Tu sais, **celui dont** je t'ai parlé hier.
¿Te gusta este disco? Sabes, del que te hablé ayer.

☞ Las formas reforzadas pueden designar un objeto o una persona que se pueden señalar:

Tu veux acheter ce pantalon? Non, je préfère **celui-là.**

¿Quieres comprar este pantalón? No, prefiero éste.

Elegir entre **ci** o **là** es una cuestión de proximidad (**celui-ci**, *éste*) o de alejamiento (**celui-là,** *ése, aquél);* sin embargo, cuando en el lenguaje oral se designa a un objeto o a una persona únicos, se tiende a emplear **là** aunque lo referido esté muy cerca.

Con las formas reforzadas también se puede establecer una oposición entre un objeto o una persona y otra, sobre todo en el lenguaje escrito:

Alba avait rendez-vous avec ses amis mais **ceux-ci** s'étaient perdus dans le métro.

Alba había quedado con sus amigos pero éstos se habían perdido en el metro.

LOS PRONOMBRES DEMOSTRATIVOS NEUTROS

El pronombre demostrativo neutro **CE**

☞ Se usa delante del verbo **être** (o **devoir être, pouvoir être**)**.** Cuando el verbo **être** empieza con vocal, **ce** se transforma en **c':**

C'est étroit.

Es estrecho.

Ce sont des personnages intéressants.

Son personajes interesantes.

Ce doit être dangereux.

Debe de ser peligroso.

Ce se usa también delante de un pronombre relativo (**qui, que, dont, à quoi…**)**,** y tiene un valor indeterminado:

Je fais **ce qui** me plaît.

Hago lo que me gusta.

Je ne comprends pas **ce que** tu veux.

No entiendo lo que quieres.

Ce dont j'ai besoin, c'est d'un peu de repos.

Lo que necesito es un poco de reposo.

Je vois que **ce à quoi** je pense ne t'intéresse pas.

Veo que las cosas en las que pienso no te interesan.

El pronombre demostrativo neutro **ÇA**

☞ También se puede o se suele usar **ça** en vez de **ce** en los casos siguientes:

➩ con **devoir être** o **pouvoir être:**

Ça peut être utile.
Puede ser útil.

➩ cuando la frase es negativa:

C'est ton frère? Non, **ça n'est pas** lui.
¿Es tu hermano? No, no es él.

➩ cuando el tiempo correspondiente del verbo **être** empieza por consonante:

Ce serait où? *o* **Ça serait** où?
¿Dónde sería?

➩ delante del neutro **le, l':**

C'est comique? Oui, **ça l'est!**
¿Es cómico? ¡Sí lo es!

El pronombre demostrativo neutro **CECI**

☞ Es poco frecuente (se usa más **cela** y **ça). Ceci** suele anunciar lo que uno va a decir:

Écoutez bien **ceci:** il paraît que nous allons changer de directrice!
Escuchad esto: parece que cambiamos de directora.

El pronombre demostrativo neutro **CELA** (o **ÇA**)

☞ Se refieren a algo ya evocado. En el lenguaje oral, **cela** se transforma en **ça:**

Cela te fait mal?/**Ça** te fait mal?
¿Te duele?
Cela ne m'étonne pas./**Ça** ne m'étonne pas.
No me extraña.
Cela leur plaît./**Ça** leur plaît.
Les gusta.

También tienen valor de complementos:

Je ne voulais pas dire **cela/ça.**
No quería decir esto.
Achète-moi **cela/ça!**
Cómprame esto.
C'est comme **ça!**
¡Esto es así!

☞ **Ça** se usa en construcciones impersonales:

Ça y est.
Ya está.
Ça va.
Está bien.
Ça ne fait rien.
No pasa nada.

☞ Y también puede reforzar los interrogativos **qui, où, quand:**

Qui **ça?**
¿Quién dices?
Où **ça?**
¿Dónde dices?
Quand **ça?**
¿Cuándo dices?

Oposición ça/le (o l')

☞ Cuando se hace referencia a un objeto específico, se suele usar el pronombre personal **le, la, l', les:**

Aimes-tu ces pâtes? Oui, je **les** aime.
¿Te gustan estos macarrones? Sí, me gustan.
Est-ce que vous aimez **ce** sport? Non, je ne **l'**aime pas.
¿Le gusta este deporte? No, no me gusta.

En cambio, cuando se trata de un objeto genérico, ya sea materia o noción, se usa **ça:**

Est-ce que vous aimez **le** sport? Non, je n'aime pas **ça.**
¿Le gusta el deporte? No, no me gusta.
Aimes-tu les pâtes? Oui, j'aime **ça.**
¿Te gustan los macarrones? Sí, me gustan.

Los adverbios

FORMACIÓN DE LOS ADVERBIOS EN *-MENT*

☞ Si el adjetivo acaba en consonante, se añade -**ment** a su forma femenina:

passi**f**	passive	passive**ment**
malheureu**x**	malheureuse	malheureuse**ment**
comple**t**	complète	complète**ment**

☞ Si el adjetivo acaba en vocal, se añade directamente -**ment**:

rapid**e**	rapide**ment**
vra**i**	vrai**ment**
absol**u**	absolu**ment**

🔔 **¡Atención!**
No olvides estas siete excepciones:

nouveau	nouvellement
gai	gaiement
mou	mollement
fou	follement
cru	crûment
continu	continûment
impuni	impunément

☞ Si el adjetivo acaba en -**ant** o -**ent,** se quita -**nt** y se sustituye por -**mment:**

bruy**ant**	bruya**mment**
élég**ant**	éléga**mment**
prud**ent**	prude**mment**
réc**ent**	réce**mment**

🔔 **¡Excepciones!**

lent	lentement
présent	présentement
véhément	véhémentement

🔔 **¡Atención!**
Recuerda que -**emment** se pronuncia como -**amment.**

🔔 **¡Atención!**
Los siguientes adjetivos generan adverbios irregulares:

bref	brièvement
gentil	gentiment
précipité	précipitamment
aveugle	aveuglément
conforme	conformément
énorme	énormément
immense	immensément
intense	intensément
uniforme	uniformément
express	expressément
obscur	obscurément
opportun	opportunément
précis	précisément
profond	profondément
commun	communément

LISTA DE ADVERBIOS QUE NO TERMINAN EN *-MENT*

A	alors - assez - aujourd'hui - aussi - autant
B	beaucoup - bien - bientôt
D	déjà - demain - d'abord
E	encore - ensuite - ensemble - enfin
H	hier
I	ici
L	loin - longtemps
M	maintenant - mal - moins - mieux
P	partout - peu - peut-être - plus - près - presque
Q	quelquefois
R	rien
S	si - souvent - surtout
T	tant - tard - toujours - très - trop - tout
V	vite

COLOCACIÓN DE LOS ADVERBIOS

☞ En general, los adverbios se colocan detrás del verbo tanto en los tiempos simples como en los compuestos:

Il marche **lentement.**
Anda lentamente.
Il a parlé **rapidement.**
Habló rápidamente.
Il s'expliquera **longuement.**
Se explicará largamente.

¡Excepciones!

Los siguientes adverbios se colocan delante del participio pasado de los tiempos compuestos:

A	assez - aussi - autant
B	beaucoup - bien - bientôt
D	déjà - d'abord
E	encore - ensuite - enfin
L	longtemps
M	mal - moins - mieux
P	partout - peu - peut-être - plus - près - presque
Q	quelquefois
S	souvent - surtout
T	tant - toujours - trop - tout
V	vite

J'ai **longtemps** cru au Père Noël.
Creí mucho tiempo en Papá Noel.
J'ai **assez** mangé.
He comido bastante.
Tu es **souvent** sorti cet été.
Saliste a menudo el verano pasado.

Algunos adverbios en -**ment** también se colocan delante del participio pasado:

certainement
particulièrement
probablement
rarement
spécialement
sûrement
vraiment

J'ai **vraiment** travaillé.
Trabajé de verdad.
Il était **sûrement** parti.
Se había ido seguramente.
Vous aurez **probablement** compris.
Habrá entendido probablemente.

ADVERBIOS
☹
ERRORES COMUNES

✎ Ejemplos

MAL ⇨ Elle a parlé beaucoup.
BIEN ⇨ Elle a beaucoup parlé.
Ha hablado mucho.
→ **Siempre se coloca «beaucoup» entre el verbo auxiliar y el participio. Observa toda la lista de las excepciones.**

Los comparativos

COMPARACIÓN DE ADJETIVOS Y ADVERBIOS

☞ **Superioridad:**

plus + adjetivo/adverbio + **que**

Il est **plus** grand **que** moi.
Es más alto que yo.
Il va **plus** vite **que** moi.
Va más rápido que yo.

☞ **Inferioridad:**

moins + adjetivo/adverbio + **que**

Il est **moins** grand **que** moi.
Es menos alto que yo.
Il va **moins** vite **que** moi.
Va menos rápido que yo.

☞ **Igualdad:**

aussi + adjetivo/adverbio + **que**

Il est **aussi** grand **que** moi.
Es tan alto como yo.

Il va **aussi** vite **que** moi.
Va tan rápido como yo.

¡Atención!

Recuerda que tanto los comparativos de superioridad de **bon** y **bien** como los de **mal** y **mauvais** son irregulares:

Bon	**meilleur** (variable)

Ce travail est **meilleur** que celui de Pierre.
Este trabajo es mejor que el de Pedro.

Cette confiture est **meilleure** que le miel.
Esta mermelada es mejor que la miel.

Ces films sont **meilleurs** que ceux de Truffaut.
Estas películas son mejores que las de Truffaut.

Bien	**mieux** (invariable)

Il parle **mieux** le français que toi.
Habla mejor el francés que tú.

☞ No los confundas, ya que en español ambos se traducen por *mejor.*

Mauvais	**pire** (variable)

Ce travail est **pire** que celui de Pierre.
Este trabajo es peor que el de Pedro.

Mal	**pire/moins bien**

Il parle **moins bien** le français que toi.
Habla peor el francés que tú.

🔔 **¡Atención!**
Observa las traducciones de *mucho mejor* y *mucho peor:*

	CORRECTO	INCORRECTO
Mucho mejor	Bien mieux Beaucoup mieux	
Mucho mejor/es	Bien meilleur/e/es	Beaucoup meilleur/e/es
Mucho peor Mucho peor/es	Bien pire Beaucoup plus mauvais/e/s Bien plus mauvais/e/s	Beaucoup pire Beaucoup plus pire

COMPARACIÓN DE SUSTANTIVOS (CANTIDAD)

☞ **Superioridad:**

plus + de/d' + sustantivo + **que**

Il a **plus de** billes **que** moi.
Tiene más canicas que yo.

☞ **Inferioridad:**

moins + de/d' + sustantivo + **que**

Il a **moins de** billes **que** moi.
Tiene menos canicas que yo.

☞ **Igualdad:**

autant + de/d' + sustantivo + **que**

Il a **autant de** billes que moi.
Tiene tantas canicas como yo.

COMPARACIÓN DE VERBOS (ACCIÓN)

☞ **Superioridad:**

verbo + **plus** + **que**

Il parle **plus que** moi.
Habla más que yo.

☞ **Inferioridad:**

verbo + **moins** + **que**

Il parle **moins que** moi.
Habla menos que yo.

☞ **Igualdad:**

verbo + **autant** + **que**

Il parle **autant que** moi.
Habla tanto como yo.

COMPARATIVOS
☹
ERRORES COMUNES

✎ Ejemplos

MAL ➪ Elle a plus/moins/autant travail que moi.
BIEN ➪ Elle a plus de/moins de/autant de travail que moi.
Tiene más/menos trabajo que yo. Tiene tanto trabajo como yo.
→ **Siempre se usa «de» o «d'» entre una cantidad y un nombre.**

MAL ➪ Elle a autant de matières comme moi.
BIEN ➪ Elle a autant de matières que moi.
Tiene tantas asignaturas como yo.
→ **Para expresar un comparativo de cantidad, usa «que» y no «comme».**

MAL ➪ Elle conduit meilleur que moi.
BIEN ➪ Elle conduit mieux que moi.
Conduce mejor que yo.
→ **El comparativo de «bien» es «mieux».**

MAL ➪ Le gâteau de ma mère est mieux.
BIEN ➪ Le gâteau de ma mère est meilleur.
La tarta de mi madre es mejor.
→ **El comparativo de «bon» es «meilleur».**

MAL ➪ Elle conduit plus bien que moi.
BIEN ➪ Elle conduit mieux que moi.
→ Conduce mejor que yo.
El comparativo de «bien» es «mieux».

MAL ➪ Le gâteau de ma mère est plus bon.
BIEN ➪ Le gâteau de ma mère est meilleur.
La tarta de mi madre es mejor.

LOS SUPERLATIVOS

SUPERLATIVOS DE SUPERIORIDAD

le/la/les plus + adjetivo/adverbio

Je veux **le plus** grand.
Quiero el más grande.
Je préfère **les plus** petits.
Prefiero los más pequeños.
Fais-le **le plus** simplement possible.
Hazlo lo más sencillo posible.

le/la/les plus de/d' + sustantivo

C'est Gilles qui a eu **le plus** de points.
Es Gilles quien ha tenido el mayor número de puntos.

SUPERLATIVOS DE INFERIORIDAD

le/la/les moins + adjetivo/adverbio

C'est **la moins** rapide.
Es la menos rápida.

Ce sont **les moins** intéressants.
Son los menos interesantes.

Parle **le moins** vite possible.
Habla lo menos rápido posible.

le/la/les moins de/d' + sustantivo

C'est Gilles qui a eu **le moins** de points.
Es Gilles quien ha tenido el menor número de puntos.

¡Atención!
Recuerda que los superlativos de **bon** y **bien** son irregulares:

Bon/s	**le meilleur**
	les meilleurs
Bonne/s	**la meilleure**
	les meilleures

Ce travail est **le meilleur** pour moi.
Este trabajo es el mejor para mí.

Cette confiture est **la meilleure** que je n'aie jamais mangée.
Esta mermelada es la mejor que haya comido.

Ces films sont les **meilleurs** de Truffaut.
Estas películas son las mejores de Truffaut.

Bien	**mieux** (invariable)

Le mieux que tu puisses faire.
Lo mejor que puedas hacer.

Los pronombres complemento

☞ Existen dos tipos de pronombres complemento: los directos, que no llevan preposición, y los indirectos, que van precedidos de la preposición **à.**

☞ Los pronombres complemento directo pueden sustituir a una persona, un animal o un objeto, mientras que los indirectos sustituyen a personas.

LOS PRONOMBRES COMPLEMENTO DIRECTO

	singular	**plural**
1ª persona	me, m'	nous
2ª persona	te, t'	vous
3ª persona masc. *fem.*	le *o* l' la *o* l'	les

J'appelle **Renaud.**	Je **l'**appelle.
Llamo a Renaud.	*Lo llamo.*
Je nettoie **la fenêtre.**	Je **la** nettoie.
Limpio la ventana.	*La limpio.*
Je vois **mes élèves.**	Je **les** vois.
Veo a mis alumnos.	*Los veo.*

EL PRONOMBRE *LE*

☞ El pronombre complemento neutro remite a una proposición:

Je sais **ce que tu veux.** Je **le** sais.
Sé lo que quieres. *Lo sé.*
Je voudrais **que tu achètes du pain.** Je **le** voudrais.
Querría que comprases pan. *Lo querría.*
Je me demande **où il va.** Je me **le** demande.
Me pregunto adónde va. *Me lo pregunto.*

🔔 **¡Excepción!**

Je suis sûre **que tu as faim.** J'**en** suis sûre.
Estoy segura de que tienes hambre. *Lo estoy.*

☞ **Le** también puede sustituir a un participio pasado o a un adjetivo, ya sea masculino o femenino, singular o plural:

Je ne sais pas si tu es contente de ta soirée, mais moi je ne **le** suis pas.

LOS PRONOMBRES COMPLEMENTO INDIRECTO

	singular	**plural**
1ª persona	me, m'	nous
2ª persona	te, t'	vous
3ª persona	lui	leur

J'écris **à ma soeur.** Je **lui** écris.
Le escribo a mi hermana. *Le escribo.*
Je réponds **à Jean-Paul.** Je **lui** réponds.
Le contesto a Jean-Paul. *Le contesto.*
J'obéis **à mes parents.** Je **leur** obéis.
Les obedezco a mis padres. *Les obedezco.*

EL PRONOMBRE *EN*

El pronombre **en** puede sustituir:

➪ al lugar de donde uno proviene (precedido de la preposición **de**):

Je sors **de chez le coiffeur.**	J'**en** sors.
Salgo de la peluquería.	*Salgo (de allí).*
Il revient **des Etats-Unis.**	Il **en** revient.
Vuelve de Estados Unidos.	*Vuelve (de allí).*

➪ a un complemento directo introducido por:

> → un artículo partitivo: **du, de la, de l', des,**
> → un indefinido: **un, une, quelques, plusieurs, etc.,**
> → un adverbio de cantidad: **un peu de, beaucoup de, assez de, trop de, plus de, moins de,**
> → un número: **un deux, trois, quatre… etc.**

Je connais **quelques bons restaurants.**	J'**en** connais.
Conozco algunos buenos restaurantes.	*Conozco algunos.*
J'ai visité **beaucoup de musées.**	J'**en** ai visité **beaucoup.**
He visitado muchos museos.	*He visitado muchos.*
Je voudrais **deux** melons, s'il vous plaît.	J'**en** voudrais **deux,** s'il vous plaît.
Quisiera dos melones, por favor.	*Quisiera dos, por favor.*

➪ a los complementos inanimados de verbos que se construyen con la preposición **de:**

Il joue **de la guitare.**	Il **en** joue.
Toca la guitarra.	*La toca.*
Je rêve **de vacances.**	J'**en** rêve.
Sueño con tener vacaciones.	*Sueño con ello.*

🔔 **¡Atención!**

Si el complemento es una persona, se conserva la preposición **de** y se le añade un pronombre tónico:

Elle a besoin **de son mari.**	Elle a besoin **de lui.**
Necesita a su marido.	*Lo necesita.*

Je te parle **de ma sœur Jeanne.**	Je te parle **d'elle.**
Te hablo de mi hermana Jeanne.	*Te hablo de ella.*

Sin embargo, observa que **en** sirve también para designar excepcionalmente a personas anónimas:

Je connais **des étrangers.**	J'**en** connais.
Conozco extranjeros.	*Conozco algunos.*

EXPRESIONES IDIOMÁTICAS CON *EN*

☞ S'**en** aller, *irse:*

Salut! je m'en vais!
¡Adiós, me voy!

☞ **En** avoir assez, *estar harto/a:*

J'en ai assez.
Estoy harto/a.

☞ **En** avoir marre, *estar harto:*

J'en ai marre.
Estoy harto/a.

☞ N'**en** pouvoir plus, *no poder más:*

Je n'en peux plus.
No puedo más.

☞ S'**en** faire, *preocuparse:*

Ne t'en fais pas, ce n'est pas grave.
No te preocupes, no pasa nada.

EL PRONOMBRE *Y*

☞ Puede sustituir un lugar introducido por **à** u otra preposición que indique lugar (y que no sea **de**):

Je suis né **en Australie.**	J'**y** suis né.
Nací en Australia.	*Nací (allí).*
Je vais **chez ma grand-mère.**	J'**y** vais.
Voy a comer a casa de mi abuela.	*Voy a comer (allí).*

J'habite **au Portugal.**	J'**y** habite.
Vivo en Portugal.	*Vivo (allí).*

☞ Como ya hemos visto antes, **y** también sustituye a un complemento introducido por **à** que pertenezca a la categoría de objetos inanimados:

Je crois **à l'astrologie.**	J'**y** crois.
Creo en la astrología.	*Creo en eso.*
Ils jouent **aux échecs.**	Ils **y** jouent.
Juegan al ajedrez.	*Juegan a eso.*
Je pense **à notre problème.**	J'**y** pense.
Pienso en nuestro problema.	*Pienso en él.*

🔔 **¡Atención!**

Si el complemento es una persona, se conserva la preposición **à** y se le añade un pronombre tónico.

Recuerda que aunque en el lenguaje coloquial se utilice **y** para sustituir a personas, esta construcción no se considera correcta desde el punto de vista gramatical.

Tu penses **à Paul?**	Oui, je pense **à lui.**
¿Piensas en Paul?	*Sí, pienso en el.*

EXPRESIONES IDIOMÁTICAS CON *Y*

☞ S'**y** connaître, *ser un entendido en:*

Je m'y connais en physique.

Soy un entendido en física.

☞ S'**y** prendre, *hacerlo bien/montárselo bien:*

Il sait bien s'y prendre pour que je dise oui.

Se lo sabe montar bien para que le diga que sí.

☞ S'**y** faire, *acostumbrarse:*

Il n'arrive pas à s'y faire.

No consigue acostumbrarse.

☞ S'**y** tenir, *respetar estrictamente:*

Cette norme est importante, tenez-vous-y.

Esta norma es importante, respétela estrictamente.

🔔 **¡Atención!**

☞ Para evitar repeticiones o cacofonías, el pronombre complemento **y** se suprime delante de los verbos que empiecen por **i**, o que lleven la expresión **il y a:**

Il y a des trains **à la gare.** pero no Il **y** y a des trains.

POSICIÓN DE LOS PRONOMBRES COMPLEMENTO

REGLAS GENERALES

🔔 **¡Atención!**

Para colocar un pronombre, debes pensar de qué verbo depende.

¡Observa las diferencias con el español!

☞ Los pronombres complemento se suelen colocar justo antes del verbo del que dependen:

Est-ce que tu **le** vois?	Je ne **le** vois pas.
¿Lo ves?	*No lo veo.*
Tu **lui** parles?	Je ne **lui** parle pas.
¿Le hablas?	*No le hablo.*
J'**en** veux trois.	Je n'**en** veux pas.
Quiero tres.	*No quiero tres.*
On **y** reste.	On n'**y** reste pas.
Nos quedamos (aquí).	*No nos quedamos (aquí).*

☞ Si en la frase hay dos verbos seguidos, el pronombre complemento se coloca entre los dos, ya que depende del segundo:

Tu veux **le** manger?	Non, je ne veux pas **le** manger.
¿Quieres comértelo?	*No, no quiero comérmelo.*
Tu veux **lui** téléphoner?	Non, je ne veux pas **lui** téléphoner.
¿Quieres llamarlo?	*No, no quiero llamarlo.*
J'aimerais **en** essayer une	Je n'aimerais pas **en** essayer.
Me gustaría probarme una.	*No me gustaría probarme una.*
Peux-tu **y** arriver seul?	Non, je ne peux pas **y** arriver seul.
¿Puedes conseguirlo solo?	*No, no puedo conseguirlo solo.*

Caso de los tiempos compuestos

☞ En los tiempos compuestos se colocan delante del auxiliar (**être** o **avoir**) si dependen del verbo conjugado en este tiempo:

Je **l'**ai vu hier.	Je ne **l'**ai pas vu hier.
Lo vi ayer.	No lo vi ayer.
Je **leur** ai écrit hier.	Je ne **leur** ai pas écrit hier.
Les escribí ayer.	*No les escribí ayer.*
J'**en** ai pris quelques-uns.	Je n'**en** ai pas pris.
He cogido algunos.	*No he cogido ninguno.*
J'**y** suis allé hier.	Je n'**y** suis pas allé hier.
Fui ayer.	*No fui ayer.*

Caso del imperativo

☞ En imperativo afirmativo, el pronombre va detrás del verbo:

Regarde-**la!**
¡Mírala!
Emmène-**moi.**
Llévame contigo.

🔔 **¡Atención!**

Observa que **me** se transforma en **moi** en imperativo afirmativo.

Parle-**leur!**
¡Háblales!
Prends-**en.**
Coge (de esto).
Vas-**y!**
¡Ve allí!

Mientras que en imperativo negativo va delante del verbo:

Ne **la** regarde pas!
¡No la mires!
Ne **m'**emmène pas.
No me lleves contigo.
Ne **leur** parle pas!
¡No les hables!

N'**en** prends pas.
No cojas eso.
N'**y** va pas!
¡No vayas allí!

COLOCACIÓN DE LOS PRONOMBRES
☹
ERRORES COMUNES

✎ Ejemplos

MAL ⇨ Je le veux voir.
BIEN ⇨ Je veux le voir.
Lo quiero ver/quiero verlo.
→ **Siempre se usa el pronombre delante del verbo del que depende.**

COMBINACIÓN DE PRONOMBRES COMPLEMENTO

REGLAS GENERALES

me te se nous vous	**le la les**	**lui leur**	**y**	**en**

Il offre **des cadeaux aux enfants.** — Il **leur en** offre.
Les ofrece regalos.

Je donne **les disques à Sylvie et à Aubin.** — Je **les leur** donne.
Se los doy.

Vous conduisez **vos enfants au cinéma.** — Vous **les y** conduisez.
Los lleváis allí.

CASO DEL IMPERATIVO

☞ Forma afirmativa

le **la** **les**	**moi, m'** **toi, t'** **nous** **vous**	**lui** **leur**	**y**	**en**

☞ Forma negativa

me **te** **nous** **vous**	**le** **la** **les**	**lui** **leur**	**y**	**en**

Offre **des cadeaux aux enfants!**

Offre-**leur en!** Ne **leur en** offre pas!

¡Ofréceles regalos! *¡No les ofrezcas regalos!*

Donne **les disques à Sylvie et à Aubin!**

Donne-**les leur!** Ne **les leur** donne pas!

¡Dáselos! *¡No se los des!*

Conduis **les enfants au cinéma!**

Conduis-**les y!** Ne **les y** conduis pas!

¡Llévalos allí! *¡No los lleves allí!*

PRINCIPALES VERBOS TRANSITIVOS INDIRECTOS + À + COMPLEMENTO DE PERSONA

A	appartenir à quelqu'un (s')adresser à quelqu'un	*pertenecer a alguien* *dirigirse a alguien*
C	causer à quelqu'un convenir à quelqu'un	*hablar con alguien* *convenir a alguien*

D	déplaire à quelqu'un désobéir à quelqu'un	*disgustar a alguien* *desobedecer a alguien*
E	échapper à quelqu'un écrire à quelqu'un	*escapar de alguien* *escribir a alguien*
F	faire de la peine/mal/plaisir /peur à quelqu'un	*entristecer/doler/agradar* */asustar a alguien*
M	manquer à quelqu'un mentir à quelqu'un	*faltar a alguien* *mentir a alguien*
N	nuire à quelqu'un	*perjudicar a alguien*
O	obéir à quelqu'un	*obedecer a alguien*
P	parler à quelqu'un penser à quelqu'un plaire à quelqu'un	*hablar a alguien* *pensar en alguien* *gustarle a alguien*
R	rendre visite à quelqu'un renoncer à quelqu'un repenser à quelqu'un répondre à quelqu'un résister à quelqu'un ressembler à quelqu'un	*visitar a alguien* *renunciar a alguien* *volver a pensar en alguien* *contestar a alguien* *resistir a alguien* *parecerse a alguien*
S	songer à quelqu'un sourire à quelqu'un succéder à quelqu'un suffire à quelqu'un	*pensar en alguien* *sonreír a alguien* *suceder a alguien* *bastar a alguien*
T	téléphoner à quelqu'un	*telefonear a alguien*
V	en vouloir à quelqu'un	*estar enfadado con alguien*

PRINCIPALES VERBOS TRANSITIVOS DIRECTOS + COMPLEMENTO DE PERSONA

A	abandonner quelqu'un	*abandonar a alguien*
	aborder quelqu'un	*abordar a alguien*
A	accepter quelqu'un	*aceptar a alguien*
	accompagner quelqu'un	*acompañar a alguien*
	accueillir quelqu'un	*acoger a alguien*
	accuser quelqu'un	*acusar a alguien*
	admirer quelqu'un	*admirar a alguien*
	adopter quelqu'un	*adoptar a alguien*
	adorer quelqu'un	*adorar a alguien*
	affronter quelqu'un	*enfrentarse con alguien*
	agacer quelqu'un	*irritar a alguien*
	agresser quelqu'un	*agredir a alguien*
	aider quelqu'un	*ayudar a alguien*
	aimer quelqu'un	*querer a alguien*
	amener quelqu'un	*llevar a alguien*
	amuser quelqu'un	*divertir a alguien*
	apercevoir quelqu'un	*divisar a alguien*
	appeler quelqu'un	*llamar a alguien*
	applaudir quelqu'un	*aplaudir a alguien*
	apprécier quelqu'un	*apreciar a alguien*
	arrêter quelqu'un	*detener a alguien*
	attendre quelqu'un	*esperar a alguien*
	avertir quelqu'un	*avisar a alguien*
B	battre quelqu'un	*pegar a alguien*
	blesser quelqu'un	*herir a alguien*
	bousculer quelqu'un	*zarandear a alguien*
C	cacher quelqu'un	*esconder a alguien*
	calmer quelqu'un	*tranquilizar a alguien*
	caresser quelqu'un	*acariciar a alguien*

C	censurer quelqu'un changer quelqu'un chercher quelqu'un choisir quelqu'un coiffer quelqu'un comprendre quelqu'un concerner quelqu'un conduire quelqu'un connaître quelqu'un conseiller quelqu'un consulter quelqu'un contacter quelqu'un contaminer quelqu'un contrarier quelqu'un contredire quelqu'un convaincre quelqu'un convoquer quelqu'un corriger quelqu'un craindre quelqu'un critiquer quelqu'un croire quelqu'un	*censurar a alguien* *cambiar a alguien* *buscar a alguien* *elegir a alguien* *peinar a alguien* *comprender a alguien* *concernir a alguien* *conducir a alguien* *conocer a alguien* *aconsejar a alguien* *consultar a alguien* *contactar con alguien* *contaminar a alguien* *contrariar a alguien* *contradecir a alguien* *convencer a alguien* *convocar a alguien* *corregir a alguien* *tener a alguien* *criticar a alguien* *creer en alguien*
D	décevoir quelqu'un décourager quelqu'un découvrir quelqu'un décrire quelqu'un défendre quelqu'un dénoncer quelqu'un déranger quelqu'un désirer quelqu'un dessiner quelqu'un détendre quelqu'un détester quelqu'un dissuader quelqu'un	*decepcionar a alguien* *desanimar a alguien* *descubrir a alguien* *describir a alguien* *defender a alguien* *denunciar a alguien* *molestar a alguien* *desear a alguien* *dibujar a alguien* *relajar a alguien* *destestar a alguien* *disuadir a alguien*

	distraire quelqu'un dominer quelqu'un	*distraer a alguien* *dominar a alguien*
E	écouter quelqu'un effrayer quelqu'un élever quelqu'un élire quelqu'un embaucher quelqu'un embêter quelqu'un embrasser quelqu'un emmener quelqu'un employer quelqu'un encourager quelqu'un énerver quelqu'un engager quelqu'un ennuyer quelqu'un entendre quelqu'un enterrer quelqu'un envier quelqu'un épouser quelqu'un estimer quelqu'un étonner quelqu'un éviter quelqu'un examiner quelqu'un exaspérer quelqu'un excuser quelqu'un	*escuchar a alguien* *asustar a alguien* *elevar a alguien* *elegir a alguien* *contratar a alguien* *molestar a alguien* *besar a alguien* *llevar a alguien* *emplear a alguien* *desanimar a alguien* *poner nervioso a alguien* *contratar a alguien* *aburrir a alguien* *oír a alguien* *enterrar a alguien* *envidiar a alguien* *casarse con alguien* *estimar a alguien* *sorprender a alguien* *evitar a alguien* *examinar a alguien* *exasperar a alguien* *disculpar a alguien*
F	fâcher quelqu'un faire souffrir/pleurer/râler quelqu'un fatiguer quelqu'un favoriser quelqu'un féliciter quelqu'un flatter quelqu'un former quelqu'un fouiller quelqu'un	*enfadar a alguien* *hacer que alguien sufra/llore/proteste* *cansar a alguien* *favorecer a alguien* *felicitar a alguien* *halagar a alguien* *formar a alguien* *registrar a alguien*

	frapper quelqu'un fréquenter quelqu'un fuir quelqu'un	*pegar a alguien* *frecuentar a alguien* *huir de alguien*
G	gêner quelqu'un	*molestar a alguien*
I	idolâtrer quelqu'un imaginer quelqu'un imiter quelqu'un interroger quelqu'un inviter quelqu'un	*idolatrar a alguien* *imaginar a alguien* *imitar a alguien* *interrogar a alguien* *invitar a alguien*
J	joindre quelqu'un juger quelqu'un	*entrar en contacto con alguien* *juzgar a alguien*
K	kidnapper quelqu'un	*secuestrar a alguien*
L	laisser quelqu'un laver quelqu'un libérer quelqu'un licencier quelqu'un loger quelqu'un	*dejar a alguien* *lavar a alguien* *liberar a alguien* *despedir a alguien* *alojar a alguien*
M	maîtriser quelqu'un maltraiter quelqu'un maquiller quelqu'un maudire quelqu'un menacer quelqu'un mépriser quelqu'un mesurer quelqu'un	*controlar a alguien* *maltratar a alguien* *maquillar a alguien* *maldecir a alguien* *amenazar a alguien* *despreciar a alguien* *medir a alguien*
N	négliger quelqu'un nommer quelqu'un nourrir quelqu'un	*hacer poco caso de alguien* *nombrar a alguien* *alimentar a alguien*
O	observer quelqu'un occuper quelqu'un offenser quelqu'un orienter quelqu'un oublier quelqu'un	*observar a alguien* *ocupar a alguien* *ofender a alguien* *orientar a alguien* *olvidarse de alguien*

P	peigner quelqu'un peindre quelqu'un perdre quelqu'un photographier quelqu'un plaindre quelqu'un porter quelqu'un poursuivre quelqu'un pousser quelqu'un précéder quelqu'un préférer quelqu'un prendre quelqu'un présenter quelqu'un prévenir quelqu'un protéger quelqu'un provoquer quelqu'un punir quelqu'un	*peinar a alguien* *pintar a alguien* *perder a alguien* *fotografiar a alguien* *compadecerse de alguien* *llevar a alguien en brazos* *perseguir a alguien* *empujar a alguien* *preceder a alguien* *preferir a alguien* *coger a alguien* *presentar a alguien* *avisar a alguien* *proteger a alguien* *provocar a alguien* *castigar a alguien*
Q	questionner quelqu'un quitter quelqu'un	*interrogar a alguien* *dejar a alguien*
R	raisonner quelqu'un ramener quelqu'un ranimer quelqu'un rapatrier quelqu'un rappeler quelqu'un rapprocher quelqu'un rassurer quelqu'un rattraper quelqu'un recevoir quelqu'un réchauffer quelqu'un rechercher quelqu'un récompenser quelqu'un réconforter quelqu'un reconnaître quelqu'un recruter quelqu'un	*hacer entrar en razón a alguien* *llevar a casa a alguien* *reanimar a alguien* *repatriar a alguien* *volver a llamar a alguien* *acercar a alguien* *tranquilizar a alguien* *alcanzar a alguien* *recibir a alguien* *calentar a alguien* *buscar a alguien* *recompensar a alguien* *reconfortar a alguien* *reconocer a alguien* *contratar a alguien*

	redouter quelqu'un	*temer a alguien*
	regarder quelqu'un	*mirar a alguien*
	regretter quelqu'un	*echar de menos a alguien*
	rejeter quelqu'un	*rechazar a alguien*
	rejoindre quelqu'un	*reunirse a alguien*
	remarquer quelqu'un	*fijarse en alguien*
	rembourser quelqu'un	*reembolsar a alguien*
	remercier quelqu'un	*dar las gracias a alguien*
	remplacer quelqu'un	*sustituir a alguien*
	rencontrer quelqu'un	*conocer a alguien*
	renseigner quelqu'un	*informar a alguien*
	renverser quelqu'un	*atropellar a alguien*
	renvoyer quelqu'un	*despedir a alguien*
	repousser quelqu'un	*rechazar a alguien*
	respecter quelqu'un	*respetar a alguien*
	retrouver quelqu'un	*encontrar a alguien*
	réunir quelqu'un	*reunir a alguien*
	réveiller quelqu'un	*despertar a alguien*
	revoir quelqu'un	*volver a ver a alguien*
	révolter quelqu'un	*escandalizar a alguien*
	ridiculiser quelqu'un	*ridiculizar a alguien*
	ruiner quelqu'un	*arruinar a alguien*
S	salir quelqu'un	*ensuciar a alguien*
	saluer quelqu'un	*saludar a alguien*
	satisfaire quelqu'un	*satisfacer a alguien*
	sauver quelqu'un	*salvar a alguien*
	secourir quelqu'un	*socorrer a alguien*
	séduire quelqu'un	*seducir a alguien*
	sentir quelqu'un	*oler a alguien*
	séparer quelqu'un	*separar a alguien*
	servir quelqu'un	*servir a alguien*
	soigner quelqu'un	*cuidar a alguien*
	soulager quelqu'un	*aliviar a alguien*
	soutenir quelqu'un	*sostener a alguien*

	suivre quelqu'un supplier quelqu'un supporter quelqu'un surprendre quelqu'un surveiller quelqu'un	*seguir a alguien* *suplicar a alguien* *soportar a alguien* *sorprender a alguien* *vigilar a alguien*
T	tacher quelqu'un taper quelqu'un tenir quelqu'un tenter quelqu'un tolérer quelqu'un toucher quelqu'un trahir quelqu'un transporter quelqu'un tromper quelqu'un troubler quelqu'un trouver quelqu'un tuer quelqu'un tutoyer quelqu'un	*manchar a alguien* *pegar a alguien* *sujetar a alguien* *tentar a alguien* *tolerar a alguien* *tocar a alguien* *traicionar a alguien* *transportar a alguien* *engañar a alguien* *turbar a alguien* *encontrar a alguien* *matar a alguien* *tutear a alguien*
U	unir quelqu'un utiliser quelqu'un	*unir a alguien* *utilizar a alguien*
V	vacciner quelqu'un vaincre quelqu'un vexer quelqu'un voir quelqu'un voler quelqu'un vouvoyer quelqu'un	*vacunar a alguien* *vencer a alguien* *humillar a alguien* *ver a alguien* *robar a alguien* *tratar de usted a alguien*

PRINCIPALES VERBOS TRANSITIVOS CON DOS COMPLEMENTOS (DIRECTO E INDIRECTO)

A	acheter quelque chose à quelqu'un annoncer quelque chose à quelqu'unx apporter quelque chose à quelqu'un apprendre quelque chose à quelqu'un avouer quelque chose à quelqu'un	*comprarle algo a alguien* *anunciarle algo a alguien* *traerle algo a alguien* *enseñarle algo a alguien* *confesarle algo a alguien*
C	cacher quelque chose à quelqu'un commander quelque chose à quelqu'un communiquer quelque chose à quelqu'un conseiller quelque chose à quelqu'un crier quelque chose à quelqu'un	*ocultarle algo a alguien* *encargarle algo a alguien* *comunicarle algo a alguien* *aconsejarle algo a alguien* *gritarle algo a alguien*
D	défendre quelque chose à quelqu'un demander quelque chose à quelqu'un devoir quelque chose à quelqu'un dire quelque chose à quelqu'un donner quelque chose à quelqu'un	*prohibirle algo a alguien* *pedirle algo a alguien* *deberle algo a alguien* *decirle algo a alguien* *darle algo a alguien*
E	écrire quelque chose à quelqu'un emprunter quelque chose à quelqu'un enseigner quelque chose à quelqu'un expédier quelqu'un à quelqu'un expliquer quelque chose à quelqu'un	*escribirle algo a alguien* *pedir prestado algo a alguien* *enseñarle algo a alguien* *mandarle algo a alguien* *explicarle algo a alguien*
F	faciliter quelque chose à quelqu'un faire quelque chose à quelqu'un	*facilitarle algo a alguien* *hacerle algo a alguien*
I	imposer quelque chose à quelqu'un indiquer quelque chose à quelqu'un interdire quelque chose à quelqu'un	*imponerle algo a alguien* *indicarle algo a alguien* *prohibirle algo a alguien*
L	laisser quelque chose à quelqu'un lancer quelque chose à quelqu'un lire quelque chose à quelqu'un louer quelque chose à quelqu'un	*dejarle algo a alguien* *tirarle algo a alguien* *leerle algo a alguien* *alquilarle algo a alguien*

M	montrer quelque chose à quelqu'un	*mostrarle algo a alguien*
N	nier quelque chose à quelqu'un	*negarle algo a alguien*
O	offrir quelque chose à quelqu'un ouvrir quelque chose à quelqu'un	*ofrecerle algo a alguien* *abrirle algo a alguien*
P	pardonner quelque chose à quelqu'un préciser quelque chose à quelqu'un prendre quelque chose à quelqu'un prescrire quelque chose à quelqu'un présenter quelque chose/quelqu'un à quelqu'un prêter quelque chose à quelqu'un procurer quelque chose à quelqu'un promettre quelque chose à quelqu'un proposer quelque chose à quelqu'un prouver quelque chose à quelqu'un	*perdonarle algo a alguien* *precisarle algo a alguien* *cogerle algo a alguien* *prescribirle algo a alguien* *presentarle algo/a alguien* *prestarle algo a alguien* *proporcionarle algo a alguien* *prometerle algo a alguien* *proponerle algo a alguien* *probarle algo a alguien*
R	raconter quelque chose à quelqu'un rappeler quelque chose à quelqu'un rapporter quelque chose à quelqu'un réclamer quelque chose à quelqu'un recommander quelque chose à quelqu'un rembourser quelque chose à quelqu'un remettre quelque chose à quelqu'un rendre quelque chose à quelqu'un répéter quelque chose à quelqu'un reprocher quelque chose à quelqu'un réserver quelque chose à quelqu'un	*contarle algo a alguien* *recordarle algo a alguien* *volver a traerle algo a alguien* *reclamarle algo a alguien* *recomendarle algo a alguien* *reembolsarle algo a alguien* *entregarle algo a alguien* *devolverle algo a alguien* *repetirle algo a alguien* *reprocharle algo a alguien* *reservarle algo a alguien*
S	servir quelque chose à quelqu'un souhaiter quelque chose à quelqu'un	*servirle algo a alguien* *desearle algo a alguien*
T	transmettre quelque chose à quelqu'un	*transmitirle algo a alguien*
V	vendre quelque chose à quelqu'un voler quelque chose à quelqu'un	*venderle algo a alguien* *robarle algo a alguien*

Los pronombres relativos

persona / cosa **sujeto**	**QUI**	L'examen **qui** sélectionne les candidats est très difficile. *La prueba que selecciona a los candidatos es muy difícil.*
persona / cosa **complemento directo**	**QUE**	Je n'aime pas les matières **que** je dois étudier pour demain. *No me gustan las asignaturas que tengo que estudiar para mañana.*
lugar o tiempo **complemento**	**OÙ**	L'endroit **où** nous avons rendez-vous est à côté de chez moi. *El sitio donde hemos quedado está cerca de mi casa.* Il est parti le jour **où** je suis arrivé. *Se fue el día en que llegué.*

Excepciones: **L'heure à laquelle…** **La date à laquelle…**		**L'heure à laquelle** il est rentré. *La hora a la que regresó.* **La date à laquelle** l'examen est prévu ne me convient pas. *La fecha en la que está previsto el examen no me viene bien.*
persona / cosa complemento (de verbo o adjetivo) + *de*	**DONT**	L'équipe **dont** je m'occupe est très sympathique. *El equipo del que me ocupo es muy simpático.* C'est l'agence **dont** les tarifs sont les plus compétitifs. *Es la agencia cuyas tarifas son las más competitivas.*
cosa nuestra con preposición *à, en, par*	**QUOI**	Ce à **quoi** je pense est irréalisable. *La cosa en la que pienso es irrealizable.*

PRONOMBRES RELATIVOS COMPUESTOS

persona / cosa después de cualquier preposición que no sea *à, de, en.*	LEQUEL LESQUELS LAQUELLE LESQUELLES o QUI para las personas	Le sujet **sur lequel** elle travaille est complexe. *El tema sobre el que trabaja es complejo.* La dame **chez qui** il habite est âgée. *La señora de la casa donde vive es mayor.*

persona / cosa contracción con la preposición *à*.	AUQUEL AUXQUELS À LAQUELLE AUXQUELLES o À QUI para las personas	Le sujet **auquel** il s'intéresse ne me plaît pas. *El tema en que está interesado no me gusta.* La personne **à qui** je pense est loin de moi. *La persona en quien pienso está lejos de mí.*
persona / cosa contracción con la preposición *de* **y locuciones prepositivas con** *de: à cause de, à côté de, près de, etc.*	DUQUEL DESQUELS DE LAQUELLE DESQUELLES o DE QUI para las personas	J'aime les sorties **à la fin desquelles** on reste parler. *Me gustan las reuniones al final de las cuales nos quedamos para charlar* Le professeur **à côté de qui** tu es assis vient du Népal. *El profesor a cuyo lado estás sentado viene del Nepal.*

🔔 Ten en cuenta que en un francés muy formal puedes utilizar LEQUEL (o derivados) como sujeto en lugar de QUI. En un francés más corriente no ocurre así, y se usa siempre QUI.

PRESENTE DE INDICATIVO
(PRÉSENT DE L'INDICATIF)

PRIMERA CONJUGACIÓN

☞ Para formar el presente de indicativo hay que tomar la raíz del infinitivo (verbo sin **-er**), que sirve para conjugar todas las personas, y añadirle las siguientes terminaciones: **e, es, e, ons, ez, ent.**

PARLER

je	parl**e**
tu	parl**es**
il, elle, on	parl**e**
nous	parl**ons**
vous	parl**ez**
ils, elles	parl**ent**

Todos los verbos acabados en -**er** siguen esta regla, salvo algunas excepciones: ¡Observa!

☞ *Verbos acabados en -**cer***

Estos verbos siguen el mismo esquema que los verbos regulares, salvo en la 1ª persona del plural, que cambia la **c** por la **ç,** lo que nos permite conservar el sonido etimológico del verbo [se].

COMMENCER

je	commence
tu	commences
il, elle, on	commence
nous	commen**ç**ons
vous	commencez
ils, elles	commencent

Otros ejemplos de verbos acabados en **er: balancer, dé/placer, menacer.**

☞ *Verbos acabados en* ***-ger***

Estos verbos siguen el mismo esquema que los verbos regulares, salvo en la 1ª persona del plural, que añade una **e** entre la **g** y la **o**, lo que nos permite conservar el sonido etimológico del verbo [g].

MANGER

je	mange
tu	manges
il, elle, on	mange
nous	mang**e**ons
vous	mangez
ils, elles	mangent

Otros ejemplos de verbos acabados en **ger: nager, dé/ranger, plonger, déménager.**

☞ *Verbos acabados en* ***-yer***

Estos verbos siguen el mismo esquema que los verbos regulares, salvo en las tres personas del singular y la 3ª del plural, que cambian la **y** por **i** delante de una **e** que no se pronuncia:

PAYER

je	pa**i**e
tu	pa**i**es
il, elle, on	pa**i**e
nous	payons
vous	payez
ils, elles	pa**i**ent

Otros ejemplos de verbos acabados en **yer: balayer, essayer, nettoyer, employer, essuyer, appuyer.**

☞ *Verbos que tienen una* ***e*** *delante de la penúltima consonante:* ***e + consonante + er: -eler, -eter, -eser, -eder***

Sin embargo, no todos siguen la misma regla, por lo que debemos hacer dos subgrupos:

➪ Los verbos que siguen el mismo esquema que los verbos regulares, salvo en las tres personas del singular y la 3ª del plural, añaden un acento grave (`) en la penúltima **e** por encontrarse delante de una **e** que no se pronuncia:

ACHETER

j'	ach**è**te
tu	ach**è**tes
il, elle, on	ach**è**te
nous	achetons
vous	achetez
ils	ach**è**tent

Los siguientes verbos se conjugan del mismo modo: **achever, amener, celer, crever, crocheter, élever, emmener, enlever, étiqueter, geler, lever.**

➪ Los verbos que, en vez de acentuar la **e**, duplican la penúltima consonante:

APPELER

j'	appe**ll**e
tu	appe**ll**es
il, elle, on	appe**ll**e
nous	appelons
vous	appelez
ils, elles	appe**ll**ent

Los siguientes verbos se conjugan del mismo modo: **amonceler, carreler.**

☞ *Los verbos acabados en* ***-é + consonante(s) + -er***

La **é** se transforma en **è** en la conjugación del singular y en la 3ª persona del plural:

ESPÉRER

j'	esp**è**re
tu	esp**è**res
il, elle, on	esp**è**re
nous	espérons
vous	espérez
ils, elles	esp**è**rent

Los siguientes verbos se conjugan del mismo modo: **accéder, céder, célébrer, compléter, considérer.**

☞ *ALLER*

je	vais
tu	vas
il, elle, on	va
nous	allons
vous	allez
ils, elles	vont

🔔 **¡Atención!**
¡Ojo! Este verbo acaba en **er** pero se considera de la tercera conjugación.

SEGUNDA CONJUGACIÓN

☞ Estos verbos forman el presente de indicativo tomando la raíz del infinitivo más la **i**, y a continuación añaden las siguientes terminaciones: **s, s, t, ssons, ssez, ssent.**

FINIR

je	fini**s**
tu	fini**s**
il, elle, on	fini**t**
nous	fini**ssons**
vous	fini**ssez**
ils, elles	fini**ssent**

🔔 **¡Atención!**
¡No hay excepciones!

TERCERA CONJUGACIÓN

☞ **Verbos terminados en *-ir,* que se dividen en seis subgrupos:**

➪ *Verbos que se conjugan como* ***dormir***

Estos verbos poseen dos raíces de conjugación:

→ Una para el singular hasta la penúltima **r: dor**mir, **par**tir, **ser**vir, **sor**tir, a la que se añaden las terminaciones **s, s, t.**

→ Otra para el plural, que elimina la terminación **ir: dorm**ir, **part**ir, **serv**ir, **sort**ir, **sent**ir, a la que se añaden las terminaciones **ons, ez, ent.**

DORMIR

je	dor**s**
tu	dor**s**
il, elle, on	dor**t**
nous	dorm**ons**
vous	dorm**ez**
ils, elles	dorm**ent**

➪ *Verbos que se conjugan como* ***venir***

Venir y **tenir** se conjugan del mismo modo, puesto que sólo cambia la primera consonante. A este grupo hay que añadirle todos los derivados de ambos: **survenir, retenir,** etc.

VENIR/TENIR

je	v/tiens
tu	v/tiens
il, elle, on	v/tient
nous	v/tenons
vous	v/tenez
ils, elles	v/tiennent

➪ *Verbos que se conjugan como* ***ouvrir***

En este caso, la raíz de la conjugación elimina la terminación **ir: ouvr**ir, **offr**ir, **souffr**ir, **couvr**ir, **cueill**ir, **assaill**ir, y luego se añaden las terminaciones **e, es, e, ons, ez, ent.**

OUVRIR

j'	ouvr**e**
tu	ouvr**es**
il, elle, on	ouvr**e**
nous	ouvr**ons**
vous	ouvr**ez**
ils, elles	ouvr**ent**

➪ *Verbos terminados en* ***quérir***

ACQUÉRIR

j'	acquiers
tu	acquiers
il, elle, on	acquiert
nous	acquérons
vous	acquérez
ils, elles	acquièrent

➪ *Verbos que se conjugan como* ***courir***

En este caso, la raíz elimina la terminación **ir: cour**ir, **vêt**ir, y se añaden las terminaciones **s, s, t, ons, ez, ent.**

COURIR

je	cour**s**
tu	cour**s**
il, elle, on	cour**t**
nous	cour**ons**
vous	cour**ez**
ils, elles	cour**ent**

➪ *Verbos terminados en* ***ir*** *que no siguen ninguna regla*

	MOURIR	FUIR	BOUILLIR	FAILLIR
je	meurs	fuis	bous	faux
tu	meurs	fuis	bous	faux
il, elle, on	meurt	fuit	bout	faut
nous	mourons	fuyons	bouillons	faillons
vous	mourez	fuyez	bouillez	faillez
ils, elles	meurent	fuient	bouillent	faillent

☞ **Verbos terminados en** ***-cevoir***

La raíz de la conjugación de los verbos de este grupo elimina **cevoir: re**cevoir, **dé**cevoir, **per**cevoir, y añade las terminaciones **çois, çois, çoit, cevons, cevez, çoivent.**

RECEVOIR

je	re**çois**
tu	re**çois**
il, elle, on	re**çoit**
nous	re**cevons**
vous	re**cevez**
ils, elles	re**çoivent**

☞ **Verbos terminados en *-re*, para los que existen los subgrupos siguientes:**

➩ Verbos terminados en ***-aindre, -eindre, -oindre.***
Poseen dos raíces de conjugación:

→ Una para el singular hasta la **n: crain**dre, **pein**dre, **join**dre, a los que se añaden las terminaciones **s, s, t.**
→ Otra para el plural hasta la **i: crai**ndre, **pei**ndre, **joi**ndre, a los que se añaden las terminaciones **gnons, gnez, gnent.**

CRAINDRE

je	crains
tu	crains
il,elle, on	crain**t**
nous	crai**gnons**
vous	crai**gnez**
ils, elles	crai**gnent**

➩ Verbos que terminan en ***-aître, -oître***
La raíz de la conjugación de estos verbos llega hasta la **i: connaî**tre, **naî**tre, **croî**tre, a los que se añaden las terminaciones **s, s, t, ssons, ssez, ssent.**

CONNAÎTRE

je	connais
tu	connais
il, elle, on	connaî**t**
nous	connai**ssons**
vous	connai**ssez**
ils, elles	connai**ssent**

🔔 **¡Atención!**
Como se puede observar, el acento circunflejo /^/ sólo se conserva delante de la **t** en la 3ª persona del singular: il, elle, on connaît.
Pero debes saber también que el verbo **croître** conserva el acento circunflejo en las tres personas del singular: je croîs, tu croîs, il, elle, on croît (para diferenciarlas de sus formas homófonas: je crois, tu crois, il, elle, on croit del verbo **croire**).

➪ Verbos terminados en ***-andre, -endre, -ondre, -erdre, -ordre***

La raíz de la conjugación de estos verbos llega hasta la **d: épandre**, **rendre**, **fondre**, **perdre**, **mordre**, a la que se añaden las terminaciones **s, s (ons, ez** y **ent** conservan la **d).**

RENDRE

je	rend**s**
tu	rend**s**
il, elle, on	rend
nous	rend**ons**
vous	rend**ez**
ils, elles	rend**ent**

➪ Verbos terminados en ***-attre, -ettre***

Poseen dos raíces de conjugación:

→ Una para el singular hasta la penúltima **t: abat**tre, **met**tre, a la que se añaden las terminaciones **s, s** (conservan la **t).**

→ Otra para el plural que excluye **re: abatt**re, **mett**re, a la que se añaden las terminaciones **ons, ez, ent.**

METTRE

je	met**s**
tu	met**s**
il, elle, on	met
nous	mett**ons**
vous	mett**ez**
ils, elles	mett**ent**

➪ Verbos que terminan en ***-ivre***

La raíz de la conjugación de estos verbos llega hasta la **i: vi**vre, **sui**vre, a la que se añaden las terminaciones **s, s, t, vons, vez, vent.**

VIVRE

je	vi**s**
tu	vi**s**
il, elle, on	vi**t**
nous	vi**vons**
vous	vi**vez**
ils, elles	vi**vent**

➪ Verbos que terminan en ***-uire***

La raíz de la conjugación de estos verbos llega hasta la **i: cui**re, **tradui**re, **construi**re, a la que se añaden las terminaciones **s, s, t, sons, sez, sent.**

CUIRE

je	cui**s**
tu	cui**s**
il, elle, on	cui**t**
nous	cui**sons**
vous	cui**sez**
ils, elles	cui**sent**

➪ Verbos que terminan en ***-ure***

La raíz de la conjugación de estos verbos llega hasta la **u: conclu**re, **inclu**re, a la que se añaden las terminaciones **s, s, t, ons, ez, ent.**

CONCLURE

je	conclu**s**
tu	conclu**s**
il, elle, on	conclu**t**
nous	conclu**ons**
vous	conclu**ez**
ils, elles	conclu**ent**

Los verbos que no están incluidos en ninguno de estos subgrupos mencionados se conjugan como se indica en el apartado de verbos de la 3ª conjugación.

IMPERATIVO
(IMPÉRATIF)

REGLAS GENERALES

☞ El imperativo se emplea para dar órdenes e instrucciones o bien para solicitar o sugerir algo. Posee tres características fundamentales:

- → Es igual que el presente de indicativo.
- → Sólo tiene tres personas: 2ª del singular y 1ª y 2ª del plural.
- → No utiliza el pronombre sujeto.

Verbos terminados en:			
er	***ir***	***re***	***oir***
PARLER	FINIR	PRENDRE	PRÉVOIR
parle	finis	prends	prévois
parlons	finissons	prenons	prévoyons
parlez	finissez	prenez	prévoyez

🔔 **¡Atención!**

Existen algunos casos particulares:

➪ Los verbos:

AVOIR	ÊTRE	SAVOIR	VOULOIR
aie	sois	sache	veuille
ayons	soyons	sachons	veuillons
ayez	soyez	sachez	veuillez

➪ La 2ª persona del singular de los verbos acabados en **er** y los verbos de la tercera conjugación que se conjugan como **ouvrir.**

🔔 **¡Atención!**

Estos verbos pierden la **s** en la 2ª persona del singular:

chante
parle
ouvre
couvre

Pero si van seguidos de los pronombres **en** o **y** en la forma afirmativa, recuperan la **s** para separar las dos vocales:

mange**s**-en
offre**s**-en
va**s**-y
reste**s**-y

EL IMPERATIVO DE LOS VERBOS PRONOMINALES

☞ En la forma afirmativa, el pronombre se pone detrás del verbo separado con un guión:

toi (2ª persona del singular)	Lave-toi!
nous (1ª persona del plural)	Lavons-nous!
vous (2ª persona del plural)	Lavez-vous!

LA FORMA NEGATIVA

ne/n' + verbo **+ pas/plus/jamais,** etc.

Ne parle **pas.**
No hables.
Ne réfléchissons **plus.**
No pensemos más.
Ne mentez **jamais.**
No mienta nunca.

☞ La forma negativa de los verbos reflexivos se construye de la siguiente forma:

ne + te/nous/vous/ + verbo **+ pas/plus/jamais,** etc.

Ne te dépêche **pas.**
No te des prisa.
Ne nous réunissons **plus** ici.
No nos juntemos más aquí.
Ne vous promenez **jamais** seul.
No se pasee nunca solo.

EL IMPERATIVO DE CORTESÍA

☞ Observa esta forma frecuente de dar órdenes, que resulta mucho más educada:

vouloir (en imperativo) **+** infinitivo

Veuillez écouter (en vez de **écoutez).**
Le ruego que me escuche.
Veuillez ne pas parler (en vez de **ne parlez pas).**
Le ruego que no hable.
Veuillez vous lever tôt (en vez de **levez-vous tôt).**
Le ruego se levante más temprano.
Veuillez ne plus vous disputer (en vez de **ne vous disputez plus).**
Les ruego no discutan más.

🔔 **¡Atención!**
En la forma negativa del imperativo de cortesía las dos partículas de la negación van juntas y delante del infinitivo.

☞ Esta forma del imperativo es muy útil para concluir las cartas formales:
Veuillez agréer, Monsieur, l'expression de mes sentiments les meilleurs.
Veuillez accepter, Madame, mes remerciements anticipés.

IMPERATIVO
☹
ERRORES COMUNES

✎ Ejemplos

MAL ➪ Parlez vous!
BIEN ➪ Parlez!
¡Hable!
→ **Nunca uses el pronombre sujeto en el imperativo.**

FUTURO (*FUTUR*)

FUTURO PRÓXIMO

☞ El futuro próximo se utiliza para expresar algo que va a ocurrir en un futuro relativamente cercano. Para construir este tiempo debes aplicar el siguiente esquema de conjugación:

sujeto **+ aller +** infinitivo

☞ Si el futuro próximo expresa acciones que suceden con respecto a un hecho del presente, **aller** se conjuga en presente:

Je **vais** dormir.

Voy a dormir.

Tu **vas** parler.

Vas a hablar.

☞ A la hora de conjugar un verbo reflexivo en futuro próximo hay que tener en cuenta dos cosas:

➪ El pronombre reflexivo debe colocarse delante del infinitivo:

Je vais **me** laver.

Voy a lavarme.

➪ El pronombre reflexivo siempre concuerda con el sujeto:

Ils vont **se** laver.

Se van a lavar.

☞ Las formas negativa e interrogativa del futuro próximo afectan al verbo **aller.** En una negación, debes aplicar la siguiente fórmula:

sujeto **+ ne/n' + aller + pas +** infinitivo

Je **ne** vais **pas** sortir.

No voy a salir.

Y en una pregunta, esta otra:

aller + (–) + **sujeto** + infinitivo

Vas-tu sortir?

¿Vas a salir?

🔔 **¡Atención!**

La 3ª persona del singular se forma de modo distinto:

aller + -t- + il/elle/on + infinitivo

Va-**t-**il/elle/on sortir?

¿Va a salir?

Las demás formas interrogativas que no afectan al verbo (entonación o **est-ce que**) conservan la misma estructura que las frases afirmativas:

Tu vas sortir?

Est-ce que **tu** vas sortir?

¿Vas a salir?

FUTURO PRÓXIMO
☹
ERRORES COMUNES

✎ Ejemplos

MAL ➪ Tu vas à partir ?
BIEN ➪ Tu vas partir ?
¿Te vas a ir?
→ **Nunca uses la preposición «à» entre el verbo «aller» y el infinitivo.**

FUTURO SIMPLE

Las terminaciones del futuro son las siguientes: **ai, as, a, ons, ez, ont.**

➪ Todos los verbos acabados en *-er* = infinitivo + terminación:

je	danserai

🔔 **Excepciones:**

aller	j'irai
los verbos en yer	
envoyer	j'enverrai
essayer	j'essaierai

➪ Todos los verbos acabados en *-ir* = infinitivo + terminación:

je	partirai

🔔 **Excepciones:**

acquérir	j'acquerrai
courir	tu courras
cueillir	ils cueilleront
mourir	il mourra
tenir	vous tiendrez
venir	nous viendrons

➪ Todos los verbos acabados en *-re* = infinitivo (menos -e) + terminación:

je	prendrai

Excepciones:

être	je serai
faire	tu feras

Todos los verbos acabados en *-oir* son irregulares:

avoir	j'aurai
devoir	il devra
falloir	il faudra
pleuvoir	il pleuvra
pouvoir	vous pourrez
recevoir	tu recevras
savoir	nous saurons
voir	ils verront

FUTURO PERFECTO

☞ Se forma con los auxiliares **avoir** o **être** en futuro + participio pasado.

Para la utilización de los auxiliares o participios pasados, véase el apartado *Tiempos compuestos.*

☞ El futuro perfecto sirve para indicar una acción anterior a otra situada en el futuro:

Crois-tu que tu auras fini ce travail avant mon retour?

¿Crees que habrás terminado este trabajo antes de que vuelva?

o para emitir una hipótesis:

Je suppose qu'il aura fermé la porte à clef.

Supongo que habrá cerrado la puerta con llave.

¡Atención!

Después de ciertas expresiones de tiempo en las que se usa el **subjuntivo** en español, el francés utiliza el **futuro perfecto,** ya que se trata de situaciones que no han tenido lugar todavía. Esto es válido después de: après que, aussitôt que, dès que, une fois que, sitôt que:

Après que tu auras déjeuné, nous irons nous promener.

Cuando hayas terminado de comer, daremos un paseo.

¡Atención!

Observa la construcción con **peut-être que** + futuro (y no el subjuntivo, como en español).

Peut-être que nous irons au parc dimanche prochain.
Quizá vayamos al parque el domingo próximo.

Pasado reciente
(Passé récent)

☞ Este tiempo se utiliza para hablar de algo que acaba de ocurrir, y su esquema de conjugación es el siguiente:

Venir + de/d' + infinitif

☞ Si el pasado reciente se refiere a algo que acaba de suceder en el presente, **venir** se conjuga en presente:

Je **viens** de dormir.
Acabo de dormir.
Tu **viens** de parler.
Acabas de hablar.

☞ Si se refiere a algo que acaba de suceder en el pasado, **venir** se conjuga en pretérito imperfecto:

On **venait** d'arriver quand il s'est mis à pleuvoir.
Acabábamos de llegar cuando se puso a llover.

☞ Si se refiere a algo concluido en el futuro, entonces **venir** se conjugará en futuro:

Il **viendra** de parler quand tu arriveras.
Acabará de hablar cuando llegues.

☞ A la hora de conjugar un verbo reflexivo en pasado reciente, hay que tener en cuenta dos cosas:

➪ El pronombre reflexivo debe colocarse justo delante del infinitivo y concuerda siempre con el sujeto:

Je viens de **me** laver.
Acabo de lavarme.
Tu venais de **te** laver.
Acababas de lavarte.
Ils viendront de **se** laver.
Acabarán de lavarse.

➪ Las formas negativa e interrogativa del futuro próximo afectan al verbo **venir.**

Il **ne** venait **pas** de se décider.
No acababa de decidirse.
Viens-tu de manger?
¿Acabas de comer?

☞ Las demás formas interrogativas que no afectan al verbo (entonación o **est-ce que**) conservan la misma estructura que las frases afirmativas:

Tu viens de sortir?
¿Acabas de salir?
Est-ce que **tu** viens de sortir?
¿Acabas de salir?

PASADO RECIENTE
☹
ERRORES COMUNES

✎ Ejemplos

MAL ➪ Ils finissent de partir.
BIEN ➪ Ils viennent de partir.
Acaban de salir.
→ **No hagas una traducción literal.**

MAL ➪ Nous venons de se coucher.
BIEN ➪ Nous venons de nous coucher.
Acabamos de acostarnos.
→ **No te olvides de la concordancia del pronombre reflexivo con el sujeto.**

MAL ➪ Je ne venais pas me doucher quand tu es arrivé.
BIEN ➪ Je ne venais pas de me doucher quand tu es arrivé.
No acababa de ducharme cuando llegaste.
→ **No te olvides de la preposición «de».**

PRETÉRITO IMPERFECTO
(IMPARFAIT)

☞ **Formación**

El pretérito imperfecto se forma con la raíz de la 1ª persona del plural del presente, a la que se le añaden las terminaciones **ais, ait, ions, iez, aient:**

	PRESENTE	IMPERFECTO
chanter	nous **chant**ons	je chant**ais**
finir	nous **finiss**ons	tu finiss**ais**
prendre	nous **pren**ons	il, elle, on pren**ait**
savoir	nous **sav**ons	nous sav**ions**
recevoir	nous **recev**ons	vous recev**iez**
faire	nous **fais**ons	ils, elles fais**aient**

🔔 **¡Excepción!**

Sólo hay una excepción: **être,** cuya raíz es **ét** + terminaciones:

j'**ét**ais, tu **ét**ais, il **ét**ait, nous **ét**ions, vous **ét**iez, ils **ét**aient.

🔔 **¡Atención!**

Ten en cuenta estos casos particulares:

➪ Los verbos terminados en **ger** pierden la **e** de la raíz en la 1ª y la 2ª personas del plural:

manger nous mang**eons** nous mang**ions**-vous mang**iez**

➪ Los verbos terminados en **cer** pierden la **ç** de la raíz en la 1ª y la 2ª personas del plural:

commencer nous commen**çons** nous commen**cions**-vous commen**ciez**

➪ En el caso de los verbos terminados en **yer,** no hay que olvidar las terminaciones de las dos primeras personas del plural, ya que la raíz acaba en **y:**

payer nous pay**ons** nous pay**ions**-vous pay**iez**

☞ **Uso**

El imperfecto marca un estado, duración o una situación en el pasado:

Quand **j'étais** petit, **j'habitais** à Paris.
Cuando era pequeño vivía en París.
Je **regardais** la télévision quand tu **es** arrivé.
Estaba viendo la tele cuando llegaste.
Il **était** six heures, la rue **était** silencieuse.
Eran las seis, la calle estaba silenciosa.

IMPERFECTO
☹
ERRORES COMUNES

✎ Ejemplos

MAL ➪ Je serais là avant lui.
BIEN ➪ J'étais là avant lui.
Estaba allí antes que él.
→ Être es irregular, no lo confundas con su forma en el condicional (tienen las mismas terminaciones).

TIEMPOS COMPUESTOS
(TEMPS COMPOSÉS)

REGLAS COMUNES

☞ Los tiempos compuestos en francés se conjugan con **avoir** o **être** + participio pasado:

passé composé:	**avoir** o **être** en presente + participio pasado
plus-que-parfait:	**avoir** o **être** en imperfecto + participio pasado
futur antérieur:	**avoir** o **être** en futuro + participio pasado
impératif passé:	**avoir** o **être** en imperativo + participio pasado
conditionnel passé:	**avoir** o **être** en condicional + participio pasado
subjonctif passé:	**avoir** o **être** en subjuntivo + participio pasado
infinitif passé:	**avoir** o **être** en infinitivo + participio pasado
participe passé composé:	**avoir** o **être** en participio + participio pasado

Todos estos tiempos siguen estas reglas.

☞ Recuerda estos auxiliares en presente:

AVOIR	ÊTRE
j'ai	je suis
tu as	tu es

il, elle, on a	il, elle, on est
nous avons	nous sommes
vous avez	vous êtes
ils, elles ont	ils, elles sont

¡Atención!

El verbo *être* se emplea con:

➪ todos los verbos pronominales franceses (se laver/*lavarse*, se réjouir/*alegrarse*, etc.):

Je me suis lavé.

Me lavé/me he lavado.

➪ los siguientes verbos:

aller	*ir*
arriver	*llegar*
descendre*	*descender, bajar*
entrer/rentrer*	*entrar/volver a casa*
monter*	*subir y derivados:* remonter
mourir	*morir*
naître	*nacer*
partir	*irse*
passer*	*pasar y derivados:* repasser
rester	*quedarse*
retourner*	*volver a*
sortir*	*salir y derivados:* ressortir
tomber	*caerse y derivados:* retomber
venir	*venir y todos los derivados de este verbo:* devenir, revenir, *etc.*

J'étais allé à l'université.

Había ido a la universidad.

➪ **Los verbos marcados con un asterisco** se conjugan con **être** si no van seguidos de un **complemento directo.** En el caso contrario, se usa **avoir:**

Je **suis** descendu dans le parc.

Bajé al parque.

J'**ai** descendu **la poubelle.**

Bajé la basura.

☞ Recuerda que el sentido de algunos de estos verbos cambia si van seguidos de un complemento directo:

rentrer	*meter algo*
retourner	*darle la vuelta a algo*
sortir	*sacar*

FORMACIÓN DEL PARTICIPIO PASADO

☞ Todos los verbos de la primera conjugación (terminados en **er**) sustituyen **er** por **é:** parl**er** – parl**é.**

☞ Todos los verbos de la segunda conjugación terminados en **ir,** eliminan la **r** final: fin**ir** – fin**i.**

☞ Para los verbos de la tercera conjugación no existe ninguna regla.

PARTICIPIOS PASADOS DE LA TERCERA CONJUGACIÓN MÁS USADOS

A	apprendre	appris (cf prendre)
	attendre	attendu
	asseoir	assis
	avoir	eu
B	battre	battu
	boire	bu
C	comprendre	compris (cf prendre)
	conduire	conduit
	connaître	connu
	construire	construit
	courir	couru
	couvrir	couvert (y derivados)

C	craindre	craint
	croire	cru
D	défendre	défendu
	descendre	descendu
	détruire	détruit
	devenir	devenu (cf venir)
	devoir	dû
	dire	dit
	dormir	dormi
E	écrire	écrit
	entendre	entendu
	être	été
F	faire	fait
	falloir	fallu
I	interdire	interdit
L	lire	lu
M	mentir	menti
	mettre	mis (y derivados)
	mourir	mort
O	offrir	offert
	ouvrir	ouvert
P	partir	parti
	peindre	peint
	perdre	perdu
	plaire	plu
	pleuvoir	plu
	pouvoir	pu
	prendre	pris (y derivados)
	prévoir	prévu
	produire	produit
	promettre	promis (cf mettre)

R	recevoir	reçu
	reconnaître	reconnu (cf connaître)
	rendre	rendu
	répondre	répondu
	revenir	revenu (cf venir)
	rire	ri
S	savoir	su
	sentir	senti
	sortir	sorti
	sourire	souri
	suivre	suivi
T	tenir	tenu
	traduire	traduit
V	vendre	vendu
	venir	venu (y derivados)
	vivre	vécu
	voir	vu
	vouloir	voulu

FORMA NEGATIVA DE UN TIEMPO COMPUESTO

☞ **La negación sin adverbio negativo** se hace de la siguiente forma:

sujeto + **ne/n'+ avoir** o **être** + **pas** + participio pasado

Je **n'**ai **pas** mangé.
No he comido.
Je **ne** suis **pas** arrivé tôt.
No he llegado pronto.

☞ **La negación con adverbio negativo** se hace de la siguiente forma:

⇨ **jamais** (*jamás*), **plus** (*no … más/ya … no*) y **rien** (*nada*):

sujeto + **ne/n'** + **avoir** o **être** + **jamais, plus** o **rien** + participio pasado

Il **n'**est **jamais** allé à Paris.
No ha ido nunca a París.
Elle **n'**a **rien** acheté.
No ha comprado nada.

🔔 **¡Atención!**

Recuerda que **rien** puede ser sujeto. Entonces la negación se hace del siguiente modo:

rien + n' + **avoir** o **être** + participio pasado

Rien n'a pu le retenir.
Nada pudo retenerlo.
Rien n'est arrivé à ce passager.
No le ocurrió nada a este pasajero.

⇨ **personne** (*nadie*), **aucun/e** (*ninguno/a*), **nulle part** (*a ningún sitio*):

sujeto + **ne/n'** + **avoir** o **être** + participio pasado + **personne** o **aucun/e** o **nulle part**

Il **n'**a aidé **personne.**
No ayudó a nadie.
Il **n'**a acheté **aucun** cadeau.
No ha comprado ningún regalo.
Il **n'**est allé **nulle part.**
No ha ido a ningún sitio.

🔔 **¡Atención!**

Recuerda que **personne** o **aucun/e** pueden ser sujetos, y entonces la negación se hace del siguiente modo:

personne o **aucun/e + n' + avoir** o **être** + participio pasado

Personne n'a compris.
Nadie ha entendido.
Aucun autobus n'est sorti le jour de la grève.
No salió ningún autobús el día de la huelga.
Aucun être humain n'a pu expliquer cela.
Ningún ser humano pudo explicar esto.

CONCORDANCIA DEL PARTICIPIO PASADO CONJUGADO CON *ÊTRE*

☞ El participio pasado concuerda en género y número con el sujeto:

Elles sont venu**es** toutes seules.
Han venido solas.

CONCORDANCIA DEL PARTICIPIO PASADO CONJUGADO CON *AVOIR*

☞ El participio pasado no concuerda con el sujeto:

Les acteurs ont bien jou**é** leur rôle.
Los actores han actuado bien.

pero sí con **el complemento directo** si éste va delante del verbo:

Ces fleurs, je **les** ai cueilli**es** ce matin.
Estas flores las he cogido esta mañana.
Les filles que tu as rencontr**ées** sont très sympathiques.
Las chicas que conociste son muy simpáticas.

Aquí **que** sustituye a **les filles,** y va delante del verbo; por tanto, debes poner la marca del plural en el participio.

🔔 **¡Atención!**

Para saber si el complemento es directo, pregunta **qui** o **quoi:**

J'ai cueilli quoi? - les fleurs.

¿He cogido el qué? - las flores.

Tu as rencontré qui? - les filles.

¿A quién conociste? - a las chicas.

CONCORDANCIA DEL PARTICIPIO PASADO DE UN VERBO REFLEXIVO

☞ Los verbos reflexivos requieren el uso del auxiliar **être.** Sin embargo, no siempre hay que aplicar la concordancia:

Nous nous sommes écrit.

Nos hemos escrito.

Elle se l'est acheté.

Se lo ha comprado.

☞ El participio de los verbos que siempre son pronominales concuerda en género y número con el sujeto:

Les garçons se sont souvenu**s** de l'anniversaire de leur mère.

Los chicos se han acordado del cumpleaños de su madre.

☞ Los siguientes verbos sólo se emplean en forma pronominal:

s'obstiner	se moquer	s'emparer	s'apercevoir
se souvenir	s'absenter	s'écrouler	s'évanouir
s'enfuir	s'envoler	se repentir	s'abstenir

🔔 **¡Atención!**

☞ Los verbos que a veces se emplean en forma pronominal concuerdan en género y número con el sujeto sólo si el complemento directo (CD) va delante del verbo:

Elles **se** sont lavé**es** (elles ont lavé qui? - elles-mêmes)
CD

Se han lavado (¿han lavado a quién? - a sí mismas)

En cambio, si el CD va detrás del verbo, no hay concordancia:

Il s'est coupé **les cheveux.**
CD

Se ha cortado el pelo.

Elle s'est acheté **une veste rouge.**
CD

Se ha comprado un vestido rojo.

☞ Aunque exista un complemento indirecto (CI), la concordancia tampoco se produce cuando no hay complemento directo:

Ils se sont téléphoné. (Ils ont téléphoné **à qui?**)
CI

Se han llamado por teléfono. (¿Han llamado a quién?)

☞ Los siguientes verbos nunca llevan complemento directo; por tanto, sus participios son invariables:

se complaire	se nuire	se ressembler	se suffire
se convenir	se parler	se sourire	se survivre
se déplaire	se plaire	se succéder	s'en vouloir

☞ El complemento directo puede ser un infinitivo invariable colocado detrás; en este caso, el participio pasado es invariable:

La machine que j'ai fait **réparer.**
La máquina que mandé arreglar.
Les choses qu'ils ont pu **dire.**
Las cosas que han podido decir.
Elle les a laissé **terminer** le travail ensemble.
Les ha dejado terminar el trabajo juntos.

Aquí, **réparer, dire** y **terminer** son complementos directos del participio pasado.

☞ El infinitivo puede no aparecer y, sin embargo, sobreentenderse. En este caso también es invariable:

Il a dit toutes les bêtises qu'il a voulu.
Dijo todas las tonterías que quiso.

Aquí se sobreentiende que **dire** (elíptico) es complemento directo de **voulu.** Está colocado después y, por tanto, no hay concordancia.

☞ Si el complemento directo es **en,** el participio pasado es invariable:

Des cuisses de grenouilles, tu **en** as déjà goûté?
¿Has probado alguna vez las ancas de rana?

¡Atención!

Si se quiere encontrar el lugar del complemento directo, hay que sustituir **être** por **avoir** y hacer la pregunta **qui** o **quoi.** Si existe complemento directo:

- delante del verbo, hay concordancia
- detrás del verbo, no hay concordancia

PRETÉRITO PERFECTO
(PASSÉ COMPOSÉ)

☞ Se conjuga con **avoir** o **être** en presente + participio pasado.

Para la utilización de los auxiliares o participios pasados, véase apartado *Tiempos compuestos*.

MARCHER	**SORTIR**	**SE DOUCHER**
J'ai marché	je suis sorti(e)	je me suis douché(e)
Tu as marché	tu es sorti(e)	tu t'es douché(e)
Il/elle/on a marché	il/elle/on est sorti(s)(es)	il/elle/on s'est douché(e)(s)
Nous avons marché	nous sommes sorti(s)(es)	nous nous sommes douché(s)(es)
Vous avez marché	vous êtes sorti(e)(s)	vous vous êtes douché(e)(s)
Ils/elles ont marché	ils/elles sont sorti(s)(es)	ils/elles se sont douché(s)(es)

☞ El uso del **passé composé** corresponde al uso de dos tiempos en español (pretérito perfecto y pretérito indefinido), de modo que tanto *he comprado el pan* como *compré el pan* se traducen únicamente por **j'ai acheté le pain.**

Recuerda que aunque existe en francés la forma equivalente al pretérito indefinido **(j'achetai le pain),** NUNCA se usa en el lenguaje oral.

USO DEL PRETÉRITO PERFECTO E IMPERFECTO (*PASSÉ COMPOSÉ E IMPARFAIT*)

☞ Cuando se escribe un texto en pasado se utilizan estos dos tiempos: el **passé composé** para expresar acontecimientos y acciones, y el **imparfait** para describir una situación.

Se puede comparar el uso de estos dos tiempos con una película. El escenario sería el **imparfait,** y los hechos, acciones o acontecimientos serían el **passé composé:**

➪ Situación (**imparfait**):

Il faisait beau, il y avait beaucoup de monde sur la place, l'orchestre jouait une polka.

Hacía buen tiempo, había mucha gente en la plaza, la orquesta tocaba una polca.

➪ Acción (**passé composé**):

Quand tout à coup l'orage a éclaté, tout le monde s'est mis à courir.

Cuando de repente estalló la tormenta, todo el mundo echó a correr.

PRETÉRITO PLUSCUAMPERFECTO
(PLUS-QUE-PARFAIT)

☞ Se conjuga con **avoir** o **être** en pretérito imperfecto + participio pasado.

Para la utilización de los auxiliares o participios pasados, véase el apartado *Tiempos compuestos.*

BOIRE	PARTIR
j'avais bu	j'étais parti(e)
tu avais bu	tu étais parti (e)
il/elle/on avait bu	il/elle/on était parti(e)(s)
nous avions bu	nous étions parti(s)(es)
vous aviez bu	vous étiez parti(e)(s)(es)
ils/elles avaient bu	ils/elles étaient partis(es)

☞ Se emplea para indicar una acción del pasado anterior a otra acción o estado del pasado:

Il est arrivé quand tout le monde **était parti.**

Llegó cuando todo el mundo se había marchado.

También puede expresar una acción habitual o repetida que ha tenido lugar antes de otra acción pasada:

Lorsqu'**il avait vu** un film, il en parlait toujours à ses collègues.

Cuando había visto una película, siempre la comentaba con sus compañeros.

☞ **Usos particulares del pretérito pluscuamperfecto**

En las proposiciones condicionales (véase el apartado *Proposición condicional):*

S'il **avait été** plus prudent, ça ne lui serait pas arrivé.
Si hubiera sido más prudente, esto no le habría ocurrido.

El pretérito pluscuamperfecto también puede indicar que se lamenta de algún hecho pasado:

Ah, si seulement tu **avais étudié** un peu plus!
¡Ojalá hubieras estudiado un poco más!

Participio pasado compuesto (*Participe passé composé*)

Se construye con el participio presente de los verbos **avoir** o **être** + el participio pasado del verbo que estemos conjugando:

Para la utilización de los auxiliares o participios pasados, véase el apartado *Tiempos compuestos.*

ayant couru
étant arrivé(e)(s)
s'étant habillé(e)(s)

Esta forma verbal corresponde a un pretérito perfecto o un pluscuamperfecto, y puede sustituir a una proposición relativa o causal:

Lucie **ayant échoué** au Bac doit redoubler sa Terminale.
Como ha suspendido el Bachillerato, Lucie tiene que repetir el último curso.
Étant partie très tard de chez elle, elle a raté son avion.
Como salió muy tarde de casa, perdió el avión.
S'étant réveilles tard, ils ont préféré ne pas pendre de petit-déjeuner.
Puesto que se habían levantado tarde han preferido no tomar el desayuno.

¡Atención!

Recuerda que con los verbos reflexivos, debes utilizar el auxiliar *être* en los tiempos compuestos.

Este tiempo no se usa hablando: sirve más bien para relatos literarios.

TIEMPOS COMPUESTOS Y CONCORDANCIA DEL PARTICIPIO PASADO ☹ ERRORES COMUNES

✎ Ejemplos

MAL ➪ J'ai sorti sans mes clefs.
BIEN ➪ Je suis sorti(e) sans mes clefs.
He salido sin mis llaves.
➔ **El verbo «sortir» se conjuga con «être» en los tiempos compuestos.**

MAL ➪ Je suis rentré la voiture dans le garage.
BIEN ➪ J'ai rentré la voiture dans le garage.
He metido el coche en el garaje.
➔ **Cuando va seguido de un complemento directo, el verbo «rentrer» se conjuga con avoir.**

MAL ➪ Est-ce que tu as bien apprendu ta leçon?
BIEN ➪ Est-ce que tu as bien appris ta leçon?
¿Has aprendido bien tu lección?

MAL ➪ Je me suis asseyé par terre.
BIEN ➪ Je me suis assis par terre.
Me he sentado en el suelo.
➔ **Simplemente se aconseja estudiar bien los participios pasados.**

MAL ➪ Tu es passé chez moi quand je ne suis pas là.
BIEN ➪ Tu es passé chez moi quand je n'étais pas là.
Pasaste por mi casa cuando yo no estaba.
➔ **Respeta la concordancia de los tiempos.**

MAL ➪ J'achetai le pain dans cette boulangerie.
BIEN ➪ J'ai acheté le pain dans cette boulangerie.
Compré el pan en esta panadería.

MAL ➪ Il fut président de cette association.
BIEN ➪ Il a été président de cette association.
Fue presidente de esta asociación.
➔ «J'achetai» e «il fut» son formas de un tiempo que existe, pero son muy literarias y se refieren a un tiempo remoto.

MAL ➪ Nous n'avons pas rien vu.
BIEN ➪ Nous n'avons rien vu.
No hemos visto nada.

MAL ➪ Personne ne l'a pas entendu.
BIEN ➪ Personne ne l'a entendu.
Nadie lo ha oído.

MAL ➪ Je ne connais pas personne ici.
BIEN ➪ Je ne connais personne ici.
No conozco a nadie aquí.
➔ Una frase negativa sólo debe llevar dos elementos negativos; en estos casos, se suprime el «pas».

Concordancia del participio pasado

MAL ➪ Nos amis ne sont pas venu.
BIEN ➪ Nos amis ne sont pas venus.
Nuestros amigos no han venido.
➔ Con *être* hay concordancia.

MAL ➪ Les enfants ont bien dessinés.
BIEN ➪ Les enfants ont bien dessiné.
Los niños han dibujado bien.
➔ Con *avoir,* en principio, no hay concordancia.

MAL ⇨ J'aime beaucoup la robe que tu m'as offert.
BIEN ⇨ J'aime beaucoup la robe que tu m'as offerte.
Me gusta mucho el vestido que me regalaste.
→ Si el complemento directo está delante del verbo, hay concordancia del participio pasado con este complemento.

MAL ⇨ Elles se sont parlées.
BIEN ⇨ Elles se sont parlé.
Han hablado juntas.
→ Aquí «se» es complemento indirecto, así que no hay concordancia.

MAL ⇨ Elle s'est cassée le bras.
BIEN ⇨ Elle s'est cassé le bras.
Ella se ha roto el brazo.
→ El complemento directo está situado detrás del verbo, así que el participio pasado no concuerda con este complemento.

MAL ⇨ Des films d'horreur? Non, je n'en ai jamais vus.
BIEN ⇨ Des films d'horreur? Non, je n'en ai jamais vu.
¿Películas de terror? No, no he visto ninguna.
→ Con «en» nunca se hace la concordancia.

CONDICIONAL
(CONDITIONNEL)

☞ El condicional de todos los verbos se construye con la raíz del futuro + la terminación del pretérito imperfecto.

persona	futuro	pretérito imperfecto	condicional
je	**chanter**ai	chant**ais**	chanterais
tu	**partir**as	part**ais**	partirais
il/elle	**voudr**a	voul**ait**	voudrait
nous	**ir**ons	all**ions**	irions
vous	**fer**ez	fais**iez**	feriez
ils/elles	**saur**ont	sav**aient**	sauraient

☞ El condicional presenta la acción como eventual:

Il pourrait pleuvoir ce matin.
Podría llover esta mañana.

o imaginaria:

Je serais le prince et toi, ma princesse.
Yo sería el príncipe y tú mi princesa.

☞ También puede depender de una condición:

Si j'avais une voiture, je passerais le week-end à la campagne.
Si tuviera un coche, pasaría el fin de semana en el campo.

o expresar el futuro del pasado:

Elle était toute contente: dans quelques jours, elle reverrait son grand ami.
Estaba muy contenta: en unos días volvería a ver a su gran amigo.

☞ Los verbos siguientes se utilizan con frecuencia en el condicional de cortesía:

vouloir	je voudrais	*quisiera*
aimer	j'aimerais	*me gustaría*
pouvoir	je pourrais	*podría*

CONDICIONAL
☹
ERRORES COMUNES

✎ Ejemplos

MAL ⇨ Tu pouvrais faire cet achat toute seule.
BIEN ⇨ Tu pourrais faire cet achat toute seule.
Podrías comprar sola.

MAL ⇨ On poudrait y aller en taxi.
BIEN ⇨ On pourrait y aller en taxi.
Podríamos ir en taxi.
→ Cuidado con las formas verbales.

MAL ⇨ Pouviez-vous venir, s'il vous plaît?
BIEN ⇨ Pourriez-vous venir, s'il vous plaît?
Podría venir, ¿por favor?
→ No confundas el imperfecto con el condicional, sólo sus terminaciones son iguales.

CONDICIONAL PERFECTO 1ª FORMA
(CONDITIONNEL PASSÉ 1ère FORME)

☞ Se conjuga con **avoir** o **être** en condicional + participio pasado.

Para la utilización de los auxiliares o participios pasados, véase el apartado *Tiempos compuestos.*

PARLER	VENIR
J'aurais parlé	Je serais venu(e)
Tu aurais parlé	Tu serais venu(e)
Il/elle/on aurait parlé	Il/elle/on serait venu(s)(es)
Nous aurions parlé	Nous serions venu(s)(es)
Vous auriez parlé	Vous seriez venu(s)(es)
Ils/elles auraient parlé	Ils/elles seraient venu(s)(es)

☞ El **conditionnel passé** sirve para expresar añoranza:

J'aurais voulu être un artiste.

Habría querido ser artista.

Observa que en español se utiliza el condicional perfecto.

☞ El **conditionnel passé** también puede formular una hipótesis en el pasado cuando uno imagina algo que no ha ocurrido. La hipótesis se puede expresar de dos modos:

S'il n'avait pas plu la semaine dernière, nous serions allés à la mer.

Si no hubiera llovido la semana pasada, habríamos ido a la playa.

Observa la construcción: **si** + pluscuamperfecto de indicativo y condicional perfecto que corresponde en español a *si* + pluscuamperfecto de subjuntivo y condicional perfecto.

Il avait laissé la clef à la voisine au cas où tu serais venu.
Dejó la llave a la vecina en caso de que vinieras.

Observa la construcción: **au cas où** + condicional perfecto y condicional perfecto que corresponde en español a *en caso de que* + pluscuamperfecto de subjuntivo y condicional perfecto.

☞ El **conditionnel passé** se utiliza en el discurso indirecto que expresa futuro si el verbo introductor está en pasado:

Elle avait dit qu'elle mangerait dès qu'elle aurait fini.
Dijo que comería en cuanto hubiese acabado.

Observa que en español se utiliza el pluscuamperfecto de subjuntivo.

Proposición condicional (*Proposition conditionnelle*)

☞ La proposición condicional formulada con **si** se construye siguiendo estos tres esquemas:

➪ **si** + presente + futuro:

S'il pleut, nous **ne pourrons pas** aller en excursion.
Si llueve, no podremos ir de excursión.

➪ **si** + pretérito imperfecto + condicional:

Si j'avais les moyens, je **partirais** très loin d'ici.
Si tuviera dinero, me iría lejos de aquí.

➪ **si** + pretérito pluscuamperfecto + condicional perfecto:

Si vous **m'aviez prévenu,** je **serais allé** la voir à l'hôpital.
Si me hubierais avisado, habría ido a visitarla al hospital.

🔔 **¡Atención!**

Observa que después de **si,** siempre va el verbo en indicativo sea cual sea el tiempo que utilices.

➪ Si conjugas el verbo en presente o en pretérito imperfecto significa que la hipótesis que emites es realizable.

➪ Si conjugas el verbo en pretérito pluscuamperfecto expresarás una hipótesis que podía haber tenido lugar pero que nunca ocurrió. Se usa este tipo de construcción para expresar algo que lamentas o de lo que te arrepientes.

PROPOSICIÓN CONDICIONAL ☹ ERRORES COMUNES

✎ Ejemplos

MAL ➪ Si on ait su, on ne serait pas venus.
BIEN ➪ Si on avait su, on ne serait pas venus.
Si lo hubiéramos sabido no habríamos venido.

MAL ➪ Si tu saurais ce qu'il a dit.
BIEN ➪ Si tu savais ce qu'il a dit.
Si supieras lo que ha dicho.

MAL ➪ S'il aurait vu le film, il l'aurait aimé.
BIEN ➪ S'il avait vu le film, il l'aurait aimé.
Si hubiera visto la película, le habría gustado.
→ «Si» nunca va seguido del subjuntivo en francés ni tampoco del condicional, excepto en el estilo indirecto.

PRESENTE DE SUBJUNTIVO
(SUBJONCTIF PRÉSENT)

☞ Para formar el subjuntivo presente, debes tener en cuenta tres casos:

➪ Para conjugar las personas del singular (**je, tu, il, elle, on**) y la tercera persona del plural, se toma la raíz de la 3ª persona del plural del presente de indicativo, que se obtiene quitando la terminación **ent,** y se le añaden las terminaciones **e, es, e, ent:**

il faut que je parl**e** - finiss**e** - prenn**e**
il faut que tu parl**es** - finiss**es** - prenn**es**
il faut qu'il, elle, on parl**e** - finiss**e** - prenn**e**
il faut qu'ils, elles parl**ent** - finiss**ent** - prenn**ent**

➪ Para conjugar la 1ª y la 2ª persona del plural (**nous, vous**), se toma la raíz de la primera persona del plural del presente de indicativo y se le añaden las terminaciones **ions, iez** (esto es, el pretérito imperfecto del verbo):

il faut que nous parl**ions**- finiss**ions**- pren**ions**
il faut que vous parli**ez**- finissi**ez**- preni**ez**

CROIRE	
presente de indicativo	**presente de subjuntivo**
je crois tu crois il/elle/on croit	que je **croi***e* que tu **croi***es* qu'il/elle/on **croi***e*

presente de indicativo	presente de subjuntivo
nous *croy*ons vous croyez ils/elles **croi**ent	que nous *croy***ions** que vous *croy***iez** qu'ils/elles **croi***ent*

➪ Verbos irregulares:

	AVOIR	ÊTRE	ALLER	FAIRE
que j'/je	aie	sois	aille	fasse
que tu	aies	sois	ailles	fasses
qu'il	ait	soit	aille	fasse
que nous	ayons	soyons	allions	fassions
que vous	ayez	soyez	alliez	fassiez
qu'ils	aient	soient	aillent	fassent

	POUVOIR	VOULOIR	SAVOIR
que j'/je	puisse	veuille	que je sache
que tu	puisses	veuilles	que tu saches
qu'il	puisse	veuille	qu'il sache
que nous	puissions	voulions	que nous sachions
que vous	puissiez	vouliez	que vous sachiez
qu'ils	puissent	veuillent	qu'ils sachent

	VALOIR	PLEUVOIR	FALLOIR
que j'/je	vaille	qu'il pleuve	qu'il faille
que tu	vailles		
qu'il	vaille		
que nous	valions		
que vous	valiez		
qu'ils	vaillent		

☞ Recuerda que para usar el subjuntivo, los dos sujetos deben ser distintos:

J'aimerais qu'**il** parte.
Me gustaría que se fuera.

Por tanto, no uses esta construcción:

J'aimerais que **je** parte. sino J'aimerais partir.
Me gustaría que me fuera. *Me gustaría irme.*

☞ En general, el subjuntivo francés se emplea como el subjuntivo español; en cambio, el imperfecto de subjuntivo sólo se emplea en los textos escritos o muy formales.

☞ El subjuntivo (presente o pretérito perfecto) se usa para expresar la posibilidad de un estado o de una acción después de:

➪ **Verbos de voluntad o deseo:**

accepter	exiger
aimer	interdire
approuver	ordonner
attendre	permettre
avoir envie	préférer
désirer	refuser
empêcher	souhaiter
être d'accord	tolérer
éviter	vouloir

Je **souhaite** qu'il **réussisse.**
Deseo que tenga éxito.

➪ **Verbos que expresan una emoción o un sentimiento:**

avoir peur	être content/triste
cela m'est égal	être déçu/heureux/ravi
cela m'inquiète/me	être désolé
désole/m'énerve	être étonné/surpris
craindre	être fâché
douter	être fier/vexé
en avoir assez	regretter
s'étonner	se réjouir

Je suis **étonné** qu'il ne **soit** pas venu.
Me sorprende que no haya venido.

➩ **Verbos de opinión en forma negativa:**

avoir l'impression	il n'est pas sûr
cela ne signifie pas	il n'est pas vrai
considérer	se figurer
croire	imaginer
être sûr	penser
il n'est pas certain	supposer
il n'est pas évident	trouver

Je ne crois pas que vous **ayez** raison.

No creo que usted tenga razón.

Estos verbos también se construyen con subjuntivo si formamos la interrogación mediante inversión:

Croyez-vous qu'il **ait** raison?

¿Cree usted que tiene razón?

➩ **Locuciones impersonales:**

il arrive	il est possible
il convient	il est (peu/fort) probable
il est dommage	il est (grand) temps
il est douteux	il faut
il est important	il se peut
il est nécessaire	il suffit
il est normal	il vaut mieux

Il est possible qu'il **vienne** aujourd'hui.

Es posible que venga hoy.

➩ **Pronombres relativos, cuando no se tiene la seguridad de lo que se dice:**

Je voudrais trouver un médecin qui **puisse** me donner une solution.

Quisiera encontrar a un médico que me pueda dar una solución.

➩ **Algunas expresiones de condición:**

Je sortirai **à condition qu'**il ne **pleuve** pas.

Saldré a condición de que no llueva.

➩ **Expresiones de finalidad:**

Je te le dis **pour que** tu le **saches.**

Te lo digo para que lo sepas.

☞ Todos estos verbos, expresiones o locuciones van siempre seguidos de la conjunción **que.**

🔔 **¡Atención!**

Cabe destacar tres casos en los que el francés utiliza el indicativo, mientras que el español utiliza el subjuntivo:

➪ **espérer que** + indicativo

J'espère qu'il va bien - qu'il est bien arrivé - qu'il viendra.
Espero que esté bien - que haya llegado bien - que venga.

➪ **locuciones de tiempo + futuro o futuro perfecto**

Quand tu viendras à Paris, nous irons visiter le Louvre.
Cuando vengas a París, iremos a visitar el Louvre.
Dès que le taxi arrivera, nous descendrons les bagages.
En cuanto llegue el taxi, bajaremos el equipaje.

Sin embargo, y al igual que en español, las locuciones **avant que** *(antes de que)*, **jusqu'à ce que** *(hasta que)*, **en attendant que** *(esperando que)* van seguidas del subjuntivo:

Nous devons trouver une solution avant qu'il vienne.
Debemos encontrar una solución antes de que venga.

➪ **peut-être que** + indicativo

Peut-être que nous irons en Espagne.
Puede que vayamos a España.

En este caso, en el registro más formal se puede realizar la inversión verbo-sujeto:

Peut-être **a-t-il** trouvé la solution.
Peut-être **irons-nous** en Espagne.

PRETÉRITO PERFECTO DE SUBJUNTIVO
(*SUBJONCTIF PASSÉ*)

☞ Se forma con los auxiliares **avoir** o **être** en subjuntivo presente + participio. Para la utilización de los auxiliares o participios pasados, véase el apartado *Tiempos compuestos*.

ÊTRE	**ALLER**
Que j'aie été	Que je sois allé(e)
Que tu aies été	Que tu sois allé(e)
Qu'il/elle/on ait été	Qu'il/elle/on soit allé(e)(s)
Que nous ayons été	Que nous soyons allé(s)(es)
Que vous ayez été	Que vous soyez allé(e)(s)
Qu'ils/elles aient été	Qu'ils/elles aient allé(s)(es)

Il faut que je sois parti assez tôt.
Es necesario que me vaya (haya ido) bastante temprano.

Il faut que tu aies fini à 8 h.
Es necesario que termines antes de las 8 h.

Il faut qu'ils soient arrivés demain.
Es necesario que lleguen antes de mañana.

☞ El **subjonctif passé** describe algo ocurrido mediante una expresión de remordimiento o un juicio subjetivo:

Je regrette qu'il ne soit pas venu.
Siento que no haya venido.
C'est important qu'il ait compris.
Es importante que haya entendido.
Je sou haite fervemment que tu aies réussit.
Deseo fervientemente que hayas aprobado.

Observa que en español, al igual que en francés, se utiliza también el pretérito perfecto del subjuntivo.

SUBJUNTIVO
☹
ERRORES COMUNES

✎ Ejemplos

MAL ➪ Nous espérons qu'il fasse beau demain.
BIEN ➪ Nous espérons qu'il fera beau demain.
Esperamos que haga buen tiempo mañana.
→ **Detrás de «espérer» no hay subjuntivo en francés.**

MAL ➪ Quand tu sois là, rappelle-moi de poster la lettre.
BIEN ➪ Quand tu seras là, rappelle-moi de poster la lettre.
Cuando estés aquí, recuérdame que mande esta carta.

MAL ➪ Dès que je sois partie, remets le répondeur en route.
BIEN ➪ Dès que je serai partie, remets le répondeur en route.
En cuanto me haya ido, vuelve a poner el contestador en marcha.
→ **«Quand» y «dès que» no van seguidos del subjuntivo.**

MAL ➪ Peut-être qu'il n'y ait pas de circulation aujourd'hui.
BIEN ➪ Peut-être qu'il n'y aura de circulation aujourd'hui.
Quizás no haya tráfico hoy.
→ «Peut-être» no va seguido del subjuntivo.

MAL ➪ Il est possible qu'il ait venu.
BIEN ➪ Il est possible qu'il soit venu.
Es posible que haya venido.
→ Las expresiones impersonales van seguidas del subjuntivo.

GERUNDIO
(GÉRONDIF)

☞ Se forma con la raíz de la 1ª persona del plural del presente de indicativo sustituyendo la terminación **ons** por **ant,** y se le añade delante la preposición **en:**

faire	nous **fais**ons	en faisant
prendre	nous **pren**ons	en prenant
réfléchir	nous **réfléchiss**ons	en réfléchissant

🔔 **¡Atención!**

Los verbos siguientes son irregulares:

savoir	en **sachant**
avoir	en **ayant**
être	en **étant**

El gerundio es invariable y sirve para expresar acciones simultáneas ejercidas por el mismo sujeto:

Il mange en lisant le journal.
Come leyendo el periódico.

🔔 **¡Atención!**

Para resaltar la simultaneidad, expresar una oposición o una paradoja, podemos añadir **tout** delante del gerundio:

Ils vont au cours d'escrime **tout** en bavardant.
Van a la clase de esgrima charlando.

GERUNDIO
☹
ERRORES COMUNES

✎ Ejemplos

MAL ⇨ Nous parlions marchant.
BIEN ⇨ Nous parlions en marchant.
Charlábamos caminando.
→ **No te olvides de la preposición «en» entre los dos verbos.**

ESTILO DIRECTO E INDIRECTO

☞ Para pasar del estilo directo al indirecto y viceversa debes efectuar unos cambios que afectan especialmente:

➪ al tiempo de los verbos
➪ a los pronombres
➪ a los posesivos
➪ a las expresiones de tiempo y de lugar

☞ Estos cambios se realizan sólo cuando el verbo introductor está en un tiempo pasado.

ESTILO DIRECTO	ESTILO INDIRECTO
presente	***imperfecto***
il a dit: «j'ai soif».	il a dit qu'il avait soif.
imperativo	***de + infinitivo***
il m'a dit: «achète le journal».	il m'a dit d'acheter le journal.
pretérito perfecto	***pluscuamperfecto***
il a dit: «j'ai acheté le pain».	il a dit qu'il avait acheté le pain.
futuro	***condicional***
il a dit: «je partirai en voiture».	il a dit qu'il partirait en voiture.
futuro perfecto	***condicional perfecto***
il a dit: «je serai arrivé à 19h».	il a dit qu'il serait arrivé à 19h.
pretérito imperfecto	***pretérito imperfecto***
il a dit: «j'étais en retard».	il a dit qu'il était en retard.

ESTILO DIRECTO	ESTILO INDIRECTO
pluscuamperfecto	***pluscuamperfecto***
il a dit: «j'avais pris un bus».	il a dit qu'il avait pris un bus.
condicional (presente/perfecto)	***condicional (presente/perfecto)***
il a dit: «je devrais l'appeler».	il a dit qu'il devrait l'appeler.
subjuntivo (presente/perfecto)	***subjuntivo (presente/perfecto)***
il a dit: «il est possible qu'il soit là».	il a dit qu'il était possible qu'il soit là.

☞ Además de los cambios de tiempo, debes respetar ciertas estructuras. Fíjate sobre todo en la forma interrogativa:

Elle m'a demandé: «Est-ce que tu vas mieux?» / «Vas-tu mieux?».
Me preguntó: «¿Estás mejor?».
Elle m'a demandé **si** j'allais mieux.
Me preguntó si estaba mejor.

Elle m'a demandé: «Qu'est-ce que tu fais?».
Me preguntó: «¿Qué haces?».
Elle m'a demandé **ce que** je faisais.
Me preguntó qué hacía.

Elle m'a demandé: «Qu'est-ce qui se passe?».
Me preguntó: «¿Qué pasa?».
Elle m'a demandé **ce qui** se passait.
Me preguntó qué pasaba.

No olvides que el estilo indirecto de las demás formas interrogativas se construye colocando el sujeto antes del verbo:

Elle m'a demandé: «Où vas-tu?».
Me preguntó: «¿Dónde vas?».
Elle m'a demandé **où j'allais.**
Me preguntó dónde iba.

Elle m'a demandé: «Quel bus prends-tu?».
Me preguntó: «¿Qué autobús coges?».
Elle m'a demandé **quel bus je prenais.**
Me preguntó qué autobús cogía.

☞ **Cambios en las expresiones de tiempo y de lugar:**

ESTILO DIRECTO	ESTILO INDIRECTO
hier	la veille, le jour précédent
hier soir	la veille au soir
avant-hier	l'avant-veille
il y a une semaine	une semaine avant
aujourd'hui	ce jour-là
maintenant, en ce moment	à ce moment-là, alors
demain	le lendemain
après-demain	le surlendemain
lundi dernier	le lundi d'avant, le lundi précédent
lundi prochain	le lundi suivant, le lundi d'après
dans 15 jours	15 jours après, 15 jours plus tard
ici	là

ESTILO INDIRECTO
☹
ERRORES COMUNES

✎ Ejemplos

MAL ➪ Pourquoi veux-tu que tu sois indépendante?
BIEN ➪ Pourquoi veux-tu être indépendante?
¿Por qué quieres ser independiente?
→ Cuando los dos verbos tienen el mismo sujeto, se usa el infinitivo.

MAL ➪ Jean-Jacques a dit qu'il a sorti un nouveau disque.
BIEN ➪ Jean-Jacques a dit qu'il avait sorti un nouveau disque.
Jean-Jacques dijo que había sacado un nuevo disco.

MAL ➪ Sophie m'a dit qu'elle viendra en voiture.
BIEN ➪ Sophie m'a dit qu'elle viendrait en voiture.
Sophie me dijo que vendría en coche.
→ **Hay que tener en cuenta la concordancia de los tiempos.**

MAL ➪ Elle m'a demandé est-ce que j'étais prêt.
BIEN ➪ Elle m'a demandé si j'étais prêt.
Me preguntó si estaba listo.

MAL ➪ Ils m'ont demandé qu'est-ce que je disais.
BIEN ➪ Ils m'ont demandé ce que je disais.
Me preguntaron qué decía.

MAL ➪ Il m'a demandé qu'est-ce qui n'allait pas.
BIEN ➪ Il m'a demandé ce qui n'allait pas.
Me preguntó qué me pasaba.

MAL ➪ Ce jour-là, il m'a demandé où je serais demain.
BIEN ➪ Ce jour-là, il m'a demandé où je serais le lendemain.
Ese día me preguntó dónde estaría al día siguiente.

MAL ➪ Ce jour-là, il m'a demandé où j'étais hier.
BIEN ➪ Ce jour-là, il m'a demandé où j'étais la veille.
Ese día me preguntó dónde estaba el día anterior.
→ **Recuerda los cambios en las expresiones de tiempo y de lugar.**

INFINITIVO
(INFINITIF)

☞ El infinitivo es la forma básica del verbo. Se identifica por sus terminaciones, que corresponden a los modelos de conjugación regular: **er**, **ir, oir** y **re.**

parl**er**
chois**ir**
pouv**oir**
pend**re**

También existe la forma pronominal:

se laver
se réjouir
se revoir
se répandre

Un verbo en infinitivo puede ir precedido de una preposición o de otro verbo:

☞ **Infinitivo precedido de una preposición**

Detrás de una preposición, el verbo sólo puede ir en infinitivo:

Il a dit **d'**entr**er sans** frapp**er.**
Dijo que había que entrar sin llamar.

Cuando se trata de un infinitivo pronominal, el pronombre reflexivo se coloca delante:

Amusez-vous sans **vous** disputer!
¡Divertíos sin discutir!

Las preposiciones **à** o **de** pueden servir de enlace entre un verbo y un infinitivo:

Ça sert **à** coup**er.**

Esto sirve para cortar.

J'ai besoin **de** me repos**er.**

Necesito descansar.

Nous avons accepté **de** travaill**er** plus.

Hemos aceptado trabajar más.

También pueden enlazar un nombre y un infinitivo:

J'ai un cours **à** prépar**er.**

Tengo una clase que preparar.

J'ai l'habitude **de** me couch**er** tard.

Estoy acostumbrado a acostarme tarde.

o un adjetivo y un infinitivo:

C'est facile **à** di**re.**

Es fácil decirlo.

Il est important **de** fai**re** cela.

Es importante hacerlo.

☞ **Infinitivo precedido de otro verbo**

El infinitivo puede ir precedido de otro verbo sin ninguna preposición de enlace. En el caso de dos verbos seguidos, el segundo siempre está en forma infinitiva.

➪ El futuro próximo:

Je vais manger.

Voy a comer.

Il va se lever.

Se va a levantar.

➪ Verbos modales:

Vous avez osé partir.

Os habéis atrevido a iros.

Laissez parler!

¡Dejad hablar!

Nous avons failli tomber.

Estuvimos a punto de caernos.

☞ **Forma negativa**

➪ **ne pas +** infinitivo

Je préfère ne pas parler.

Prefiero no hablar.

➪ **ne + jamais/rien/plus +** infinitivo

Je préfère ne rien dire.

Prefiero no decir nada.

➪ **ne +** infinitivo **+ (à) personne/aucun/nulle part**

Je préfère n'aller nulle part.

Prefiero no ir a ninguna parte.

☞ **Forma pasiva**

Cette maison doit être vendue cette année.

Esta casa debe venderse este año.

☞**Forma imperativa**

Con un infinitivo se puede dar una orden:

Ne pas déranger!

¡No molestar!

Prendre deux litres de lait, ajouter la glace...

Coger dos litros de leche, añadir el hielo...

INFINITIVO PASADO (*INFINITIF PASSÉ*)

☞ Se conjuga con **avoir** o **être** en infinitivo + participio pasado.

Para la utilización de los auxiliares o participios pasados, véase el apartado *Tiempos compuestos*.

☞ Este tiempo sirve para expresar anterioridad:

Il pensait lui en avoir parlé.
Pensaba haberle hablado de ello.
Es-tu sûr d'être sorti avant lui?
¿Estás seguro de que saliste antes que él?

o una suposición:

Il suppose/pense avoir fini/être arrivé dans une heure.
Supone/piensa terminar/llegar antes de una hora.
Charles croyait s'être rappelé du titre du film.
Charles creía haberse acordado del título de la película.

🔔 **¡Atención!**

Recuerda que con los verbos reflexivos debes utilizar el auxiliar *être* en los tiempos compuestos.

INFINITIVO
☹
ERRORES COMUNES

✎ Ejemplos

MAL ➪ Ils vont à dormir.
BIEN ➪ Ils vont dormir.
Se van a dormir.
→ **No hay preposición entre dos verbos en francés.**
MAL ➪ Dis-lui de ne parler pas.
BIEN ➪ Dis-lui de ne pas parler.
Dile que no hable.
→ ***Ne pas* se coloca delante del infinitivo.**

VOZ ACTIVA/PASIVA

Repasemos la diferencia entre la voz activa y la voz pasiva: en **la voz activa** el sujeto es activo (realiza la acción), y en **la voz pasiva** el sujeto es pasivo (sufre la acción de otro sujeto).

☞ **¿Cómo se pasa de la voz activa a la voz pasiva?**

➩ El sujeto se convierte en agente y va precedido de la preposición **par.**

➩ El complemento directo (CD) se convierte en sujeto.

➩ El verbo se forma con **être** (en el tiempo en que esté conjugado el verbo en la voz activa) + participio pasado del verbo, que siempre concuerda con el sujeto:

Éric	photographie	les paysages.
sujeto	**verbo**	**CD**
Eric	*fotografía*	*los paisajes.*
Les paysages	sont photographiés	par Éric.
sujeto	**verbo**	**agente**
Los paisajes	*son fotografiados*	*por Eric.*

Si el sujeto de la oración activa es **on,** la oración pasiva no tiene agente:

On a dit la vérité/la vérité a été dite.
Se ha dicho la verdad/la verdad ha sido dicha.

☞ **¿Cuáles son las condiciones para formar la voz pasiva?**

La voz pasiva sólo puede formarse con verbos transitivos, es decir, verbos cuya acción recaiga sobre un **complemento directo (CD):**

Mes voisins ont acheté l'appartement.
Mis vecinos han comprado el piso.

L'appartement a été acheté par mes voisins.
El piso ha sido comprado por mis vecinos.

Esta oración puede pasarse a la voz pasiva porque posee un complemento directo **(l'appartement).**

☞ Evita recurrir a la voz pasiva si el sujeto de la oración activa es un pronombre personal:

J'ai/il a fait un exposé.
Hice/hizo una presentación.
L'exposé a été fait par moi/lui.
La presentación fue hecha por mí/él.

Esta forma es poco frecuente; es mejor usar una forma enfática:

C'est moi qui ai fait l'exposé. / C'est lui qui a fait l'exposé.
Soy yo quien hizo/es él quien hizo la presentación.

☞ **¿Qué se pone delante del agente, *par* o *de?***

Con los verbos que expresan sentimientos tales como **être aimé, être admiré, être adoré, être respecté, être craint, être haï, être méprisé** se suele usar **de:**

Il est aimé **de** tous.
Todos lo quieren. / Es querido por todos.

Este cuadro te ayudará a recordar todas las formas posibles de la voz pasiva:

tiempos	forma pasiva
presente	la maison est faite
pasado reciente	la maison vient d'être faite
pretérito perfecto	la maison a été faite
pretérito imperfecto	la maison était faite
pluscuamperfecto	la maison avait été faite
futuro próximo	la maison va être faite
futuro simple	la maison sera faite
futuro perfecto	la maison aura été faite
pretérito indefinido	la maison fut faite
pretérito anterior	la maison eut été faite
condicional simple	la maison serait faite

tiempos	forma pasiva
condicional perfecto	la maison aurait été faite
subjuntivo	la maison soit faite
subjuntivo perfecto	la maison ait été faite
infinitivo	la maison peut être faite
infinitivo compuesto	la maison peut avoir été faite

INTERROGACIÓN

☞ En francés, la interrogación directa se expresa con:

➪ la entonación de la frase:

Tu parles le français?
¿Hablas francés?
Elle est où?
¿Dónde está?

➪ la inversión del sujeto:

Parles-tu le français?
¿Hablas francés?
Est-elle prête?
¿Está lista?

La inversión del sujeto obliga a:

→ Utilizar un pronombre personal (como sujeto):

Vas-**tu** à Marseille ce week-end?
¿Vas a Marsella este fin de semana?

Si el sujeto no es un pronombre, la frase se construye del siguiente modo:

Pierre, vas-**tu** à Paris?
¿Pierre, vas a París?

→ Utilizar el guión entre el sujeto y el verbo.

→ Para evitar el hiato, utilizar la **-t-** eufónica cuando el verbo acaba en vocal y le sigue un pronombre personal sujeto (il, elle, on) que comienza por vocal:

A-**t-**elle des amis en Espagne?
¿Tiene amigos en España?

Esto sólo sucede con la 3ª persona del singular **(il, elle, on).**

➪ la locución **est-ce que** + sujeto + verbo:

Est-ce que vous travaillez?

¿Trabajáis?

➪ Si se desea obtener más información, se debe utilizar un pronombre interrogativo (**quand, comment, pourquoi, que, qui, où, combien de,** etc.):

Elle part **quand?**

¿Cuándo se va?

Quand part-elle?

¿Cuándo se va?

Quand est-ce qu'elle part?

¿Cuándo se va?

☞ Si observas estos tres ejemplos, podrás ver que tienen la misma estructura que las interrogaciones que requieren respuestas afirmativas o negativas. Sin embargo, cuando se construye la interrogación con la ayuda de la entonación, es mejor colocar el interrogativo al final de la pregunta:

Tu vas **où?**

¿A dónde vas?

Tu t'appelles **comment?**

¿Cómo te llamas?

Elle part **quand?**

¿Cuándo se va?

☞ **Pronombres interrogativos**

pronombres	traducción	✎ ejemplos	traducción
où	dónde	où vis-tu?	¿dónde vives?
qui	quién	qui êtes-vous?	¿quién es usted?
quand	cuándo	quand arrive-t-il?	¿cuándo llega?
pourquoi	por qué	pourquoi pleures-tu?	¿por qué lloras?
comment	cómo	comment allez-vous?	¿cómo estáis?

pronombres	traducción	✎ ejemplos	traducción
quel **quelle** **quels** **quelles**	qué	quel jeu aimes-tu? quelle fille aimes-tu? quels jeux aimes-tu? quelles filles aimes-tu?	¿qué juego te gusta? ¿qué chica te gusta? ¿qué juegos te gustan? ¿qué chicas te gustan?
lequel **laquelle** **lesquels** **lesquelles**	cuál de ellos cuál de ellas cuáles de ellos cuáles de ellas	lequel d'entre eux? laquelle d'entre elles? lesquels d'entre eux? lesquelles d'entre elles?	¿cuál de ellos? ¿cuál de ellas? ¿cuáles de ellos? ¿cuáles de ellas?
combien **combien de**	cuánto cuánto(s), cuánta(s)	combien ça coûte? combien d'argent veux-tu? combien de vaches a-t-il?	¿cuánto cuesta? ¿cuánto dinero quieres? ¿cuántas vacas tiene?
que **qu'**	qué	que veux-tu? qu'y a-t-il?	¿qué quieres? ¿qué pasa?

INTERROGACIÓN
☹
ERRORES COMUNES

✎ Ejemplos

MAL ➪ Est que tu m'écoutes?
BIEN ➪ Est-ce que tu m'écoutes?
¿Me escuchas?
→ **Recuerda que la «s» de «est» no se pronuncia.**

MAL ➪ Quel âge a elle?
BIEN ➪ Quel âge a-t-elle?
¿Cuántos años tiene?
→ **En este caso, el hiato es obligatorio y permite una pronunciación más fácil.**

Negación

☞ **Sin adverbio negativo**

En francés, la negación se construye con dos partículas:

➪ Tiempo simple

Je **ne** parle **pas.**

No hablo.

➪ Imperativo

N'avançons **pas!**

¡No avancemos!

➪ Tiempo compuesto

Je **n'**ai **pas** compris.

No he entendido.

Je **ne** suis **pas** allé à Paris.

No fui a París.

☞ **Con adverbio negativo**

➪ Tiempo simple

Il **ne** parlait **jamais.**

No hablaba nunca.

➪ Tiempo compuesto

Hay que estudiar dos casos:

→ **jamais** *(jamás),* **plus** *(no … más/ya … no)* y **rien** *(nada):*

Elle **n'**a **rien** acheté.

No ha comprado nada.

Il **ne** s'est **jamais** évanoui.
Nunca se ha desmayado.

Recuerda que **rien** puede ser sujeto. Entonces la negación se hace del siguiente modo:

Rien n'a pu le retenir.
Nada pudo retenerlo.

→ **personne** *(nadie)*, **aucun/e** *(ninguno/a)*, **nulle part** *(a ningún sitio):*

Il **n'**avait acheté **aucun** cadeau.
No había comprado ningún regalo.

Recuerda que **personne** o **aucun/e** pueden ser sujetos, y entonces la negación se hace del siguiente modo:

Personne n'était sorti.
Nadie había salido.
Aucun être humain **n'**aurait pu expliquer cela.
Ningún ser humano habría podido explicar esto.

NEGACIÓN
☹
ERRORES COMUNES

✎ Ejemplos

MAL ⇨ Pas personne n'est venu.
BIEN ⇨ Personne n'est venu.
No ha venido nadie.
→ **Cuando *personne* es una palabra negativa, se suprime el *pas* en la frase.**

MAL ⇨ Personne est venu.
BIEN ⇨ Personne n'est venu.
No ha venido nadie.
→ **Aunque *personne* sea una palabra negativa aquí, no basta, hace falta otro elemento negativo en la frase: el *ne*.**

TIEMPOS PROGRESIVOS *(TEMPS PROGRESSIFS)*

☞ Estos tiempos expresan un matiz de duración o de desarrollo de la acción. Su esquema de conjugación es el siguiente:

➪ Si la acción tiene lugar en el presente, **être** se conjuga en presente:

Je **suis** en train de travailler.
Estoy trabajando.

➪ Si la acción tiene lugar en el pasado, **être** se conjuga en pretérito imperfecto:

On **était** en train de dîner quand tu es arrivé.
Estábamos cenando cuando llegaste.

➪ Si la acción tiene lugar en el futuro, entonces **être** se conjuga en futuro:

Vous **serez** en train de travailler quand j'arriverai.
Estaréis trabajando cuando llegue.

☞ A la hora de conjugar un verbo reflexivo en un tiempo progresivo, hay que tener en cuenta dos cosas:

➪ El pronombre reflexivo se coloca delante del infinitivo:

J'étais en train de **me** laver.
Me estaba lavando.

➪ El pronombre reflexivo siempre concuerda con el sujeto:

Nous étions en train de **nous** laver.
Estábamos lavándonos.

☞ El presente continuo no se puede utilizar con verbos que indican un sentimiento o un comportamiento, ni tampoco con **vivre** o **habiter.**

🔔 **¡Atención!**

Esta forma verbal se usa mucho menos que en español. Si tienes dudas a la hora de emplearla, te recomendamos que utilices la forma simple del verbo en el tiempo que corresponda. No digas:

Je suis en train d'avoir des problèmes, sino:	**J'ai des problèmes.**
Estoy teniendo problemas.	*Tengo problemas.*
Je suis en train d'aimer la campagne, sino:	**J'aime la campagne.**
Me está gustando el campo.	*Me gusta el campo.*

☞ Las formas negativa e interrogativa de los tiempos progresivos afectan al verbo **être.** En una negación, debes aplicar la siguiente fórmula:

Sujeto + ne/n' + être + pas + en train de / d' + infinitivo

Je **ne** suis **pas** en train de manger.
No estoy comiendo.

Y en una pregunta, esta otra:

Être + – + pronombre + en train de + infinitivo

Étiez-vous en train de vous préparer?
¿Estábais preparandoos?

Las demás formas interrogativas que no afectan al verbo (entonación o **est-ce que**) conservan la misma estructura que las frases afirmativas:

Tu es en train de travailler?
¿Estás trabajando?

Est-ce que **tu** es en train de travailler?
¿Estás trabajando?

TIEMPOS PROGRESIVOS
☹
ERRORES COMUNES

✎ Ejemplos

MAL ➪ Ils sont travaillant.
BIEN ➪ Ils sont en train de travailler.
Están trabajando.

MAL ➪ Je me suis promenant.
BIEN ➪ Je suis en train de me promener.
Me estoy paseando.
→ La traducción literal del español no es válida.

MAL ➪ Je suis en train de dépenser de l'argent pendant les soldes.
BIEN ➪ Je dépense de l'argent pendant les soldes.
Estoy gastando dinero en las rebajas.

INDEFINIDOS

ADJETIVOS INDEFINIDOS MÁS USADOS

☞ Los adjetivos indefinidos determinan de manera imprecisa el nombre al que se refieren, con el que concuerdan en género y número.

☞ Los adjetivos indefinidos se colocan delante del nombre con la única excepción de **quelconque.**

calidad	cantidad	identidad o diferencia
n'importe quel/quelle	tout/tous/toute/toutes	autre
certain(e)(s)	aucun(e)	même
quel(le)(s)	pas un(e)	tel
quelconque	quelques	
	plusieurs	
	différent(e)(s)	
	divers(es)	
	plus d'un(e)	

Existen varias clases de adjetivos indefinidos:

➪ **DE CALIDAD:**

Raconte-moi **n'importe quelle** histoire, du moment qu'elle soit drôle.
Cuéntame cualquier chiste mientras sea divertido.
Il faut avoir **un certain** courage pour réaliser cet exploit.
Hace falta cierto valor para realizar esta hazaña.
Certaines personnes n'ont pas le sens de l'humour.
Hay personas que no tienen sentido del humor.

¡Atención!
En singular, **certain(e)** suele ir precedido del artículo **un/une.**

Je ne sais pas **quelle** couleur tu préfères.
No sé qué color prefieres.
Apporte-moi une boisson **quelconque.**
Tráeme una bebida cualquiera.

¡Atención!
Quelconque se coloca siempre detrás del nombre.

➪ **DE CANTIDAD:**

Il lui sera fidèle **toute** la vie.
Le será fiel durante toda su vida.

¡Atención!
tout le + nombre masculino singular
toute la + nombre femenino singular
tous les + nombre masculino plural
toutes les + nombre femenino plural

Je n'ai reçu **aucun** appel aujourd'hui.
No he recibido ninguna llamada hoy.
On n'entend **pas un** mot dans la classe.
No se oye ninguna palabra en la clase.
J'ai mis **quelques** minutes à réagir.
Tardé unos minutos en reaccionar.
Chaque année, il fait un bilan médical.
Cada año se hace un chequeo médico.

🔔 **¡Atención!**

Observa que **chaque** tiene que ir seguido de un nombre singular.

Si quieres decir *cada* + número, usa la expresión **tous les** o **toutes les:** *cada quince días,* **tous les quinze jours.**

J'ai acheté **plusieurs** disques du même chanteur.
He comprado varios discos del mismo cantante.
Captes-tu **différentes** chaînes de télévision?
¿Coges distintos canales de televisión?
Je connais **plus d'une** personne qui a envie de te connaître.
Conozco a más de una persona que tiene ganas de conocerte.
Elle achète **divers** journaux tous les matins pour comparer les nouvelles.
Compra distintos periódicos cada mañana para comparar las noticias.

➩ **DE IDENTIDAD O DIFERENCIA:**

Ils ont de **tels** problèmes qu'ils ne savent plus comment s'en sortir.
Tienen tales problemas que ya no saben cómo salir adelante.
J'ai les **mêmes** boucles d'oreilles que les tiennes.
Tengo los mismos pendientes que tú.
Maman aimerait mieux que tu portes une **autre** veste.
Mamá preferiría que llevases otra chaqueta.

🔔 **¡Atención!**

Autre siempre va precedido de un artículo: así, *otro, otra* se dice **un autre, une autre** (excepto en la expresión **autre chose).** En el plural, *otros, otras* se dice **d'autres.**

PRONOMBRES INDEFINIDOS MÁS USADOS

☞ Con sentido negativo:
aucun (e)
nul (le)
pas un, pas une
personne
rien

🔔 **¡Atención!**

Cuando se usan estos pronombres, se suprime la partícula **pas.** No ocurre lo mismo con **ne,** aunque en el lenguaje oral se tiende a eliminarlo:

Je **n'**ai vu **aucun** film de Woody Allen.
No he visto ninguna película de Woody Allen.
Personne ne connaît cette rue.
Nadie conoce esta calle.

☞ Para formar los tiempos compuestos, **personne** se coloca detrás del participio, mientras que **rien** se coloca delante (véase apartado *Negación*):

Je **n'**ai vu **personne.**
No he visto a nadie.
Je **n'**ai **rien** entendu.
No he oído nada.

☞ Los demás pronombres indefinidos:

on *(veáse Los pronombres sujeto.)*
l'un(e) l'autre/les un(e)(s) les autres
un(e) autre, d'autres
quelqu'un
quelque chose
tel(le)(s)
le/la même/les mêmes
certain(e)(s)
quelques
quelques-un(e)(s)
plusieurs
quiconque
n'importe quoi, où, comment, qui, quand
n'importe lequel
qui que, où que, quoi que

☞ **Un(e) autre, d'autres, certains, quelques-un(e)s, aucun(e)**, cuando se usan como complemento directo, siempre van acompañados del pronombre **en** situado delante del verbo en general, o detrás en el imperativo afirmativo:

J'**en** ai acheté **quelques-uns.**
He comprado unos.
Apporte-m'**en d'autres.**
Tráeme otros.

☞ Cuando **quelqu'un, quelque chose, rien, personne, plusieurs** van seguidos de un adjetivo, se intercala entre los dos la preposición **de, d':**

J'ai entendu **quelque chose de** bizarre.
He oído algo raro.
Rien de neuf?
¿Hay algo nuevo?

☞ **Quiconque** y **n'importe qui** tienen más o menos el mismo sentido, pero no se pueden usar indistintamente. Para ser más precisos, se puede decir que **n'importe qui** significa *cualquiera* o *cualquier persona,* mientras que **quiconque** significa *cualquiera que:*

Ne le raconte pas à **n'importe qui.**
No se lo cuentes a cualquiera.
Quiconque a vu ce chat doit appeler la police.
Cualquiera que haya visto este gato debe llamar a la policía.

¡Atención!

Como se puede observar en el ejemplo, la expresión *cualquiera que* va seguida del verbo en subjuntivo; pero detrás de **quiconque** el verbo va en indicativo. Observa estas traducciones:

n'importe qui	*cualquiera, cualquier persona*
n'importe quand	*en cualquier momento*
n'importe où	*en cualquier lugar*
n'importe comment	*de cualquier manera*
n'importe quoi	*cualquier cosa*

Je ne parlerai pas de ces problèmes à **n'importe qui.**
No hablaré con cualquiera de estos problemas.
Il s'est habillé **n'importe comment.**
Se ha vestido de cualquier manera.
Elle ferait **n'importe quoi** pour qu'il la comprenne.
Haría cualquiera cosa para que la entendiera.

INDEFINIDOS ☹ ERRORES COMUNES

✎ Ejemplos

MAL ➪ Pascal prend le train touts les jours.
BIEN ➪ Pascal prend le train tous les jours.
Pascal coge el tren todos los días.
→ **La palabra «touts» no existe.**

MAL ➪ Est-ce que tu veux autre thé, Marie?
BIEN ➪ Est-ce que tu veux un autre thé, Marie?
¿Quieres otro té, Marie?
→ **No te olvides del artículo delante de «autre».**

MAL ➪ Je n'ai jamais entendu telle histoire.
BIEN ➪ Je n'ai jamais entendu une telle histoire.
Nunca he oído tal historia.
→ **No te olvides del artículo delante de «telle».**

MAL ➪ Chaque deux semaines, ils partent en week-end.
BIEN ➪ Toutes les deux semaines, ils partent en week-end.
Cada dos semanas, se van de fin de semana.
→ **«Chaque» sólo puede ir seguido de un singular.**

MAL ➪ As-tu des autres copains?
BIEN ➪ As-tu d'autres copains?
¿Tienes otros amigos?

MAL➪ Je vais dans n'importe quel lieu en vacances.
BIEN ➪ Je vais en vacances n'importe où.
Me voy de vacaciones a cualquier sitio.

MAL ➪ Tu fais confiance à n'importe quelle personne.
BIEN ➪ Tu fais confiance à n'importe qui.
Te fías de cualquiera.

PREPOSICIONES

Éstos son los principales usos de algunas preposiciones:

À

☞ La preposición **à** se emplea cuando el adjetivo transmite la idea de algo que puede hacerse. Por regla general, el adjetivo va precedido de **c'est:**

C'est agréable **à** entend**re.**

Es agradable escucharlo.

C'est passionnant **à voir.**

Es apasionante verlo.

☞ Se utiliza con dos adjetivos, **prêt** y **disposé:**

Il est **prêt à** aid**er** les autres.

Está dispuesto a ayudar a los demás.

Nous sommes **disposés à** recommenc**er.**

Estamos dispuestos a empezar de nuevo.

☞ Introduce un complemento de lugar cuando se expresa la idea de ir a **(aller),** vivir en **(habiter, vivre),** estar en **(être),** quedarse en **(rester),** encontrarse en **(se trouver),** etc:

➪ un nombre de ciudad:

Je vais à Paris.

Voy a París.

Je vis à Madrid.
Vivo en Madrid.
Je suis à Londres.
Estoy en Londres.
Je reste à Budapest.
Me quedo en Budapest.

➪ un nombre de país masculino :

Je vais/Je vis/Je suis/Je reste au Danemark.
Voy/Vivo/Estoy/Me quedo en Dinamarca.

➪ un nombre de una isla sin artículo (¡Cuba/la Sicile!):

Je vais/Je vis/Je suis/Je reste à Cuba.
Voy/Vivo/Estoy/Me quedo en Cuba.

➪ Un sitio, una ubicación:

Je vais/Je suis/Je reste à la pharmacie/au cinéma/à l'aéroport/à l'hôtel/aux concerts de jazz.
Voy/Estoy/Me quedo en la farmacia/en el cine/en el aeropuerto/en el hotel/en los conciertos de jazz.
Le plus intéressant se trouve au début du film.
Lo más interesante está al principio de la película.

🔔 **¡Atención!**
¡No olvides el artículo contracto **au, aux**!

➪ una distancia:

Je serai à deux kilomètres de la plage.
Estaré a dos kilómetros de la playa.

☞ También introduce un complemento de tiempo, que puede ser:

➪ un nombre de fiesta:

Il viendra à Pâques.
Vendrá en Semana Santa.

➪ una hora:

Il viendra à cinq heures.
Vendrá a las cinco.

➭ una estación (sólo delante de *printemps):*

Il viendra au printemps.

Vendrá en primavera.

☞ Asimismo aparece delante de complemento indirecto de persona si el verbo exige la preposición:

Je téléphone à Pierre.

Telefoneo a Pierre.

☞ Delante de un infinitivo:

J'ai invité Lucie à manger.

He invitado a Lucie a comer.

☞ Introduce un complemento de modo:

Il parle à voix basse.

Habla en voz baja.

Ces sacs sont faits à la main, en revanche ceux-là sont faits à la machine.

Estos bolsos están hechos a mano, en cambio aquellos están hechos a máquina.

☞ Delante de un medio de transporte siempre que éste no sea cerrado:

Je vais au marché à pied/à cheval/à moto/à bicyclette/à vélo, etc.

Voy al mercado andando/a caballo/en moto/en bicicleta, etc.

☞ Marca la posesión delante de un pronombre disyuntivo:

C'est mon livre o Ce livre est à moi.

Es mi libro o este libro es mío.

☞ En la descripción indica una característica:

L'homme à la voiture rouge est très réputé dans la région.

El hombre del coche rojo es muy conocido en la región.

☞ Describe la composición:

J'aime la tarte au chocolat et la glace à la vanille.

Me gusta la tarta de chocolate y el helado de vainilla.

o la utilidad de un objeto:

C'est une assiette à dessert

Es un plato para postre.

☞ Marca una idea o una tendencia:

Il s'intéresse/pense à la situation de l'Espagne.

Está interesado/piensa en la situación de España.

Il est opposé/favorable à cette idée.

Se opone/es favorable a esta idea.

☞ Hablar de un objetivo:

Il a réussi à le convaincre.

Consiguió convencerlo.

Je suis arrivée à le comprendre.

Llegué a comprenderlo.

☞ Después del verbo **jouer** si éste significa *jugar* (deportes, juegos):

Je joue au ballon/aux cartes.

Juego a la pelota/a las cartas.

CHEZ

☞ La preposición **chez** suele significar *casa de*, y puede ir seguida de:

➪ un pronombre:

Je rentre chez moi.

Vuelvo a casa.

Chacun chez soi!

¡Cada uno en su casa!

➪ un nombre:

On va chez Chantal ce soir.

Esta noche vamos a casa de Chantal.

➪ una profesión:

J'ai rendez-vous chez le coiffeur à 11h.

Tengo una cita en la peluquería a las 11 h.

➪ también puede ir precedida de otra preposición:

Ils habitent derrière chez nous.

Viven detrás de nuestra casa.

o significar *en el país de, entre:*

De nombreuses fêtes avaient lieu chez les Romains.

Había muchas fiestas entre los Romanos.

DANS

☞ La preposición **dans** se emplea para la localización, referida al interior (dentro de):

Il est dans le bureau/dans la chambre.
Está en el despacho/en el dormitorio.

🔔 **¡Atención!**

La palabra **rue** siempre va precedida de la preposición **dans,** aunque la calle no sea un lugar interior:

Il est/se promène dans la rue.
Está en la calle/pasea por la calle.
Il est à la rue significa que *está en la calle, porque no tiene casa o lugar donde vivir.*

☞ También se emplea para introducir un complemento de tiempo que indica futuro:

Je partirai dans un mois.
Me iré dentro de un mes.

o para indicar la procedencia:

Je prends le document dans le dossier.
Cojo el documento del informe.

DE

☞ La preposición **de** se utiliza:

➪ con la forma impersonal **il est +** adjetivo:

Il est important, intéressant, difficile, etc., **de** faire cela.
Es importante, interesante, difícil, etc., hacerlo.

➪ con adjetivos de sentimiento o emoción:

Je suis contente **de** partir.
Me alegro de irme.

y con adjetivos que expresan un estado de ánimo:

Nous sommes sûrs **de** rester.
Estamos seguros de (que queremos) quedarnos.

➪ para introducir un complemento de lugar cuando éste expresa la procedencia. El complemento de lugar puede ser un país, una ciudad, una región, una isla, un sitio, etc.:

J'arrive de France/de Bretagne/du travail/de l'hôtel/de vacances.

Llego de Francia/de Bretaña/del trabajo/del hotel/de vacaciones.

➪ después de una expresión de cantidad o contenido:

Je voudrais un kilo de pommes et une bouteille d'eau.

Quisiera un kilo de manzanas y una botella de agua.

➪ para delimitar el tiempo:

De 10h à 14h, je serai au travail.

De las 10 h a las 14 h, estaré en el trabajo.

➪ después de muchos verbos, de los que te ofrecemos los principales:

abuser de	faire preuve de
s'agir de	s'inquiéter de
avoir besoin de	se méfier de
avoir envie de	se moquer de
avoir peur de	s'occuper de
se composer de	parler de
dépendre de	se passer de
descendre de	se préoccuper de
dire du bien/du mal de	raffoler de
être amoureux de	se réjouir de
être capable/incapable de	se rendre compte de
être certain/incertain/sûr de	rêver de
éter chargé de	rire de
être content/mécontent de	se servir de
être responsable de	se souvenir de
être satisfait de	venir à bout de

➪ delante de un infinitivo:

Il est important de le faire maintenant.

Es importante hacerlo ahora.

➪ después de un adjetivo:

Elle est fière de ses enfants.

Está orgullosa de sus hijos.

➪ después del verbo **jouer,** cuando éste significa *tocar un instrumento de música:*

Je joue du saxophone et vous, vous jouez de la trompette.

Yo toco el saxofón y usted toca la trompeta.

➪ para expresar la posesión delante de un nombre propio o de un sustantivo:

C'est la maison de Marie.

Es la casa de Marie.

➪ para expresar la categoría o especificidad de algo:

C'est une table de nuit.

Es una mesilla de noche.

➪ para expresar el modo:

Il me regarde d'un air triste, fâché.

Me mira con cara triste, enfadada.

➪ para expresar la causa:

Il est mort de soif/de peur.

Está muerto de sed/de miedo.

➪ para expresar un cambio con respecto a algo previsto:

Ma montre avance de cinq minutes.

Mi reloj va cinco minutos adelantado.

➪ después de **quelqu'un, quelque chose, rien, personne** + adjetivo o adverbio, como si fueran un complemento explicativo o descriptivo:

Je connais quelqu'un d'intéressant.

Conozco a alguien interesante.

J'ai vu quelque chose de bien pour lui.

He visto algo bueno para él.

Je ne vois rien d'anormal.

No veo nada anormal.

Il ne connaît personne de sympathique ici.

No conoce a nadie simpático aquí.

EN

☞ La preposición **en** se utiliza para introducir un complemento de lugar cuando se expresa la idea de *ir a* **(aller)**, *vivir en* **(habiter, vivre)**, *estar en* **(être)**, *quedarse en* **(rester)**, *encontrarse en* **(se trouver)**, etc.

El complemento de lugar puede ser un país, una región, una isla con artículo:

Je suis/Je vais/Je reste/Je vis/Je me trouve en Autriche, en Andalousie, en Corse.

Estoy/voy/me quedo/vivo/me encuentro en Austria, en Andalucía, en Córcega.

☞ Asimismo se emplea **en:**

➪ para introducir un complemento de modo:

Elle s'habille toujours en blanc.

Siempre va vestida de blanco.

Elle est souvent en colère.

Suele estar enfadada.

➪ delante de un medio de transporte si éste es cerrado:

Je vais à Bordeaux en avion, en train, en autobús.

Voy a Burdeos en avión, en tren, en autobús.

➪ para designar la materia de la que está hecho un objeto:

Elle porte une chemise en coton, une jupe en lin, des chaussures en cuir et des bijoux en or.

Lleva una camisa de algodón, una falda de lino, zapatos de cuero y joyas de oro.

➪ para expresar la duración necesaria para hacer algo:

Il va au bureau en un quart d'heure.

Tarda un cuarto de hora en ir a la oficina.

PAR

☞ La preposición **par** puede expresar:

➪ causa:

Il l'a fait par amour.

Lo hizo por amor.

Elle l'a invité par politesse.

Ella le ha invitado por cortesía.

➪ lugar (a través de/vía):

Il observe ses voisins par la fenêtre.

Observa a sus vecinos por la ventana.

➪ distribución:

Elle gagne 1.830 euros par mois.
Gana 1.830 euros al mes.

➪ medio:

Il envoie toujours son courrier par avion.
Siempre manda su correo por avión.

➪ puede emplearse con un verbo en la voz pasiva:

Elle a été abandonnée par ses parents.
Fue abandonada por sus padres.

y en algunas locuciones:

par hasard	par conséquent
par cœur	par exemple
par ailleurs	par contre

Il a rencontré sa femme par hasard.
Conoció a su mujer por casualidad.
Il essaie d'apprendre Don Quichotte par coeur.
Procura aprender el Quijote de memoria.

POUR

☞ La preposición **pour** puede expresar:

➪ finalidad:

Il est sorti pour acheter du pain.
Ha salido para comprar pan.
Ce colis est arrivé pour vous.
Este paquete ha llegado para usted.

➪ duración, tiempo:

Il est parti pour huit jours.
Se ha marchado durante ocho días.

➪ causa:

Il a été augmenté pour son excellent travail.
Le han subido el sueldo por su excelente trabajo.

➪ lugar, destino:

Je pars pour Nice mercredi prochain.
Me voy a Niza el próximo miércoles.

- porcentajes:

  Cette viande est cent pour cent naturelle.

  Esta carne es cien por cien natural.

- o significar *en lugar de, a cambio de:*

  On peut manger pour 8 euros dans ce restaurant.

  Es posible comer por 8 euros en este restaurante.

OTRAS PREPOSICIONES

A	après, attendu, avant, avec
C	chez, concernant, contre
D	dans, de, depuis, derrière, dès, devant, durant
E	entre, envers, excepté
H	hormis, hors
J	jusque
M	malgré, moyennant
O	outre
P	par, parmi, passé, pendant, plein, pour, près, proche
S	sans, sauf, selon, sous, suivant, supposé, sur
T	touchant
V	vers, vu

PRINCIPALES LOCUCIONES PREPOSITIVAS

A	à cause de	à moins de	aux dépens de
	à côté de	à raison de	aux environs de
	à défaut de	au-dedans de	avant de
	afin de	au défaut de	à l'insu de
	à fleur de	au dehors de	au travers de
	à force de	au-delà de	à l'exclusion de
	à l'abri de	au-dessous de	autour de
	à la faveur de	au-dessus de	à l'exception de
	à la merci de	au-devant de	au prix de
	à la mode de	au lieu de	à l'envi de
	à l'égard de	au milieu de	auprès de
	à l'encontre de	au péril de	
D	d'après	du côté de	
	d'avec	de peur de	
	de chez	de par	
	de delà	d'entre	
	de derrière	de manière à	
	de dessous	de façon à	
	de dessus	de devant	
E	en deça de	étant donné	
	en dedans de	en sus de	
	en dehors de	en faveur de	
	en dépit de	en face de	
F	face à		
	faute de		
G	grâce à		
H	hors de		
J	jusqu'à		
	jusque dans		

L	loin de	
P	par-dedans par-dehors par-delà par-dessous par-dessus	proche de près de par rapport à par-devers par-devant
Q	quant à	
S	sauf à sus à	
V	vis-à-vis	

PREPOSICIONES

☹

ERRORES COMUNES

✎ Ejemplos

MAL ➪ La famille Lescaut vit au Rennes.
BIEN ➪ La famille Lescaut vit à Rennes.
La familia Lescaut vive en Rennes.
→ **Delante de una ciudad se usa la preposición *à* sin artículo.**

MAL ➪ Tu préfères vivre à la France ou à le Maroc?
BIEN ➪ Tu préfères vivre en France ou au Maroc?
¿Prefieres vivir en Francia o en Marruecos?
→ **Delante de un país femenino se usa *en* y delante de un país masculino se usa *au*.**

MAL ➩ Nous sommes tous allés à chez Patrick et Nathalie.
BIEN ➩ Nous sommes tous allés chez Patrick et Nathalie.
Hemos ido todos a casa de Patrick y Nathalie.

MAL ➩ Elle habite dans l'Andalousie.
BIEN ➩ Elle habite en Andalousie.
Vive en Andalucía.

MAL ➩ Voulez-vous un gâteau de pommes?
BIEN ➩ Voulez-vous un gâteau aux pommes?
¿Queréis pastel de manzana?

Los acentos

☞ En francés existen tres acentos:

➩ El acento agudo (´).

➩ El acento grave (`).

➩ El acento circunflejo (^).

No son tónicos, y cambian la pronunciación de la vocal acentuada o ayudan a no confundir homófonos.

La vocal /a/

☞ Puede llevar el acento grave para diferenciar una palabra de otra homófona:

Il a une grande maison (sin acento se trata de la 3ª persona del presente del verbo *avoir).*

Il habite à Madrid (con acento se trata de la preposición).

☞ También puede llevar el acento circunflejo; éste aparece en palabras que acaban en **âtre** o cuando ha desaparecido la **s** que seguía a esta vocal en latín o en francés clásico:

Ce mur est blanch**â**tre.

C'est un ch**â**teau.

La vocal /e/

Para acentuar la **e** hay que saber primero si se pronuncia o no.

☞ No se acentúa:

➩ cuando va en mitad de la sílaba: fer, mer, interminable.

➩ cuando va seguida de la letra **x:** examen, exemple.

➪ cuando va seguida de doble consonante: belle, terre.

➪ cuando va seguida de dos consonantes distintas: espion, estimation (excepto en el caso de que la segunda consonante sea **h, l, r** o cuando se trata de **gn:** réfléchir, régner, flèche).

➪ si la sílaba es muda, la **e** ni se pronuncia ni se acentúa: page.

Para acentuarla, hay que leer la palabra sílaba por sílaba, pero de derecha a izquierda.

☞ Lleva acento agudo cuando la **e** pronunciada se encuentra delante de una sílaba que se pronuncia: t**é**l**é**vision, pr**é**sent.

Si la palabra acaba en **e** pronunciada, ésta sólo puede llevar acento agudo:

l'ét**é**-les ét**é**s

l'universit**é**-les universit**é**s

Observa que el plural no modifica el acento.

Lo mismo ocurre con los participios pasados de los verbos acabados en **er:**

Il est représent**é** (masculino).

Elle est représent**é**e (femenino).

☞ Lleva acento grave cuando la **e** pronunciada se encuentra delante de una sílaba no pronunciada (con **e** muda):

Je me l**è**ve.

Ma mère et mon p**è**re.

Las palabras acabadas en **es** que se pronuncian llevan acento grave: très, succès, excès. Pero no acentúes nunca las palabras que en singular acaban en **e** y en plural en **es:** une page, des pages.

🔔 **¡Atención!**

La palabra **événement** es una excepción.

El futuro y el condicional de los verbos acabados en **er** con una **é** en la penúltima sílaba no se acentúan como lo indica la regla, ya que llevan acento agudo delante de una sílaba con **e** no pronunciada: Je préférerai.

☞ Lleva acento circunflejo cuando ha desaparecido la **s** que la seguía en latín o en francés clásico: La for**ê**t.

LA VOCAL /I/

Lleva acento circunflejo porque ha desaparecido la **s** que la seguía en latín o en francés clásico: une **î**le.

LA VOCAL /O/

Lleva acento circunflejo porque ha desaparecido la **s** que la seguía en latín o en francés clásico: un h**ô**pital.

LA VOCAL /U/

Lleva acento grave para diferenciar dos homofónos:

Le thé ou le café (*ou* sin acento = o).

O**ù** habites-tu? (*où* con acento = donde, dónde).

Lleva acento circunflejo porque ha desaparecido la **s** que la seguía en latín o en francés clásico o para diferenciar dos homófonos:

Il achète du pain. Il revient du Mexique (sin acento es el artículo partitivo, o la contracción).

Il a d**û** acheter du pain (con acento es el participio pasado del verbo *devoir*).

¡Atención!

El acento circunflejo de muchas otras palabras no responde a ninguna regla; en ese caso, te aconsejamos el uso del diccionario.

Vocabulario

ÍNDICE

TODO SOBRE LOS NÚMEROS

L'ALIMENTATION - LA ALIMENTACIÓN

Les fruits - la fruta

un abricot - un albaricoque
un ananas - una piña
une orange - una naranja
une banane - un plátano
une cerise - una cereza
une figue - un higo
une fraise - una fresa
une framboise - una frambuesa
une groseille - una grosella
une mandarine - una mandarina
une mangue - un mango
un melon - un melón
une myrtille - un arándano
une pêche - un melocotón
une poire - una pera
une pomme - una manzana
une prune - una ciruela
un brugnon - una nectarina
un cassis - una grosella negra
un citron - un limón
un pamplemousse - un pomelo
un raisin - una uva
un agrume - un cítrico

Les fruits secs - los frutos secos

un pruneau - una ciruela pasa
une amande - una almendra
une cacahuète - un cacahuete, maní
un pépin - una pipa de girasol
une noisette - una avellana
une noix de cajou - un anacardo
une noix - una nuez

Les légumes - la verdura

le céleri - el apio
un poireau - un puerro
une aubergine - una berenjena
une bette (o blette) - una acelga
une carotte - una zanahoria
un champignon - un champiñón
un épinard - una espinaca
un persil - un perejil
un haricot vert - una judía verde
un artichaut - una alcachofa
un chou, un chou fleur - una col (un repollo), una coliflor
un concombre - un pepino
un oignon - una cebolla
un poivron rouge, vert, jaune - un pimiento rojo, verde, amarillo
une asperge - un espárrago
une courge, un potiron - una calabaza
une courgette - un calabacín
une pomme de terre - una patata
une salade: laitue, scarole - una ensalada: lechuga, escarola
une tomate - un tomate

Les légumes secs - las legumbres

le maïs - el maíz
le riz - el arroz
un haricot blanc, rouge - una judía blanca, un frijol
une lentille - una lenteja
un petit pois - un guisante
un pois chiche - un garbanzo

La viande - la carne

le bœuf - el buey
le canard - el pato
la dinde - el pavo
le lapin - el conejo
le mouton, l'agneau - el cordero
le porc - el cerdo
le poulet, la poule - el pollo, la gallina
le veau - la ternera

Le poisson - el pescado

le cabillaud - el bacalao fresco
le calamar - el calamar
la limande - el gallo
le lotte - el rape
le loup, le bar - la lubina
le maquereau - la caballa
le merlan - la pescadilla
le mérou - el mero
la morue - el bacalao salado
le poulpe - el pulpo
la sardine - la sardina
le saumon - el salmón
la seiche - la sepia
la sole - el lenguado
la truite - la trucha
le thon, le thon blanc - el atún, el bonito
un anchois - una anchoa, un boquerón
un espadon - un pez espada

Les fruits de mer - el marisco

les bigorneaux - los bígaros
les clovisses - las almejas
les coques - los berberechos
les crabes - los cangrejos de mar
les crevettes - las gambas
les écrevisses - los cangrejos de río
le homard - el bogavante
les huîtres - las ostras
la langouste - la langosta
les langoustines - las cigalas
les moules - los mejillones
le tourteau - el buey de mar
une araignée de mer - un centollo

Les oeufs - los huevos

le blanc d'oeuf - la clara del huevo
le jaune d'oeuf - la yema del huevo
une omelette una tortilla
un oeuf au plat - un huevo frito
des oeufs brouillés - huevos revueltos

Les produits laitiers - los lácteos

la crème - la nata
le fromage - el queso
le lait - la leche
le yaourt - el yogur

LES ANIMAUX - LOS ANIMALES

un aigle - un águila
un âne - un asno
une autruche - un avestruz
une baleine - una ballena
un boeuf - un buey
un chameau - un camello
un chat - un gato
un cheval - un caballo
une chèvre - una cabra
un chien - un perro
un coq - un gallo
un dauphin - un delfín

un dromadaire - un dromedario
un écureuil - una ardilla
un éléphant - un elefante
un faucon - un halcón
une gazelle - una gacela
une girafe - una girafa
un gorille - un gorila
un hippopotame - un hipopótamo
un kangourou - un canguro
un lapin - un conejo
un léopard - un leopardo
un lièvre - una liebre
un lion - un león
un loup - un lobo
un oiseau - un pájaro
un ours - un oso
une panthère - una pantera
un poisson - un pez
une poule - una gallina
un poulet - un pollo
un renard - un zorro
un rhinocéros - un rinoceronte
un sanglier - un jabalí
un singe - un mono
un taureau - un toro
un tigre - un tigre
une tortue - una tortuga
une vache - una vaca

AVOIR - EXPRESIONES

avoir à - tener que
avoir beau + infinitif - por mucho que + subjuntivo
avoir besoin de - tener necesidad de
avoir chaud - tener calor
avoir de la fièvre - tener fiebre
avoir de la peine - tener pena
avoir de l'amitié pour quelqu'un - tener amistad con alguien
avoir des soucis - preocuparse
avoir du mal à - costarle algo a alguien
avoir envie de - tener ganas de
avoir faim - tener hambre
avoir froid - tener frío
avoir goût à - saber a
avoir hâte - tener ganas de
avoir la grippe - tener gripe
avoir la parole facile - tener facilidad de palabra
avoir la parole - tener la palabra
avoir la tête qui tourne - estar mareado
avoir l'air + adjectif - parecer + adjetivo
avoir l'air de + infinitif - parecer que
avoir le cafard - tener nostalgia, morriña
avoir le temps - tener tiempo
avoir les cheveux blancs - tener canas
avoir les yeux bleus/verts - tener los ojos azules/verdes
avoir l'esprit ailleurs - estar en las nubes
avoir mal à - dolerle algo a alguien
avoir peur - tener miedo
avoir quelque chose en horreur - odiar algo
avoir quelque chose - tener algo
avoir quelqu'un - engañar a alguien
avoir raison - tener razón
avoir soif - tener sed
avoir tort - estar equivocado
en avoir assez - estar harto/a/s
en avoir contre/après - tener algo en contra de
il y a - hay

LA BANQUE - EL BANCO/LA BANCA

avoir de la monnaie - tener dinero suelto
changer de l'argent - cambiar dinero
de l'argent liquide - metálico, dinero en efectivo
encaisser de l'argent - cobrar dinero

faire la monnaie - cambiar
payer, un paiement - pagar, un pago
rendre la monnaie - dar el cambio, la vuelta
retirer de l'argent - sacar dinero
signer, une signature - firmar, una firma
un bureau de change - una oficina de cambio
un carnet de chèques - un talonario
un compte - una cuenta
un distributeur - un cajero automático
un guichet - una ventanilla
un montant - un importe
un reçu - un recibo
un relevé de compte - un extracto de cuenta
un virement - un giro
une caisse - una caja
une carte de crédit - una tarjeta de crédito
une pièce - una moneda
verser de l'argent - ingresar dinero

LE CLIMAT - EL CLIMA

humide - húmedo
la chaleur - el calor
la foudre - un rayo
le climat - el clima
le soleil - el sol
le temps - el tiempo
le tonnerre - el trueno
pluvieux - lluvioso
sec/sèche - seco/a
un éclair - un relámpago
un nuage - una nube
un tempête - una tormenta de aire

Expresiones impersonales relativas al clima

il fait beau - hace bueno
il fait chaud - hace calor
il fait frais - hace fresco
il fait froid - hace frío
il fait mauvais - hace mal tiempo
il gèle - hiela
il grêle - graniza
il neige - nieva
il pleut - llueve
il y a de l'orage - hay tormenta
il y a du vent - hace aire

LE CORPS - EL CUERPO

Structure générale - estructura general

la tête - la cabeza
le cou - el cuello
la nuque - la nuca
la poitrine - el pecho
le buste - el busto
le bras - el brazo
la jambe - la pierna
le pied - el pie
le ventre - el vientre
la fesse - la nalga

Le squelette - el esqueleto

le crâne - el cráneo
la côte - la costilla
le dos - la espalda
la hanche - la cadera
la vertèbre - la vértebra
la colonne vertébrale - la columna vertebral

Le visage - la cara

la bouche - la boca
les cheveux - el pelo
le cil - la pestaña
la dent - el diente
la joue - la mejilla
la langue - la lengua
la lèvre - el labio
le menton - la barbilla
le nez - la nariz

l'oeil/les yeux - el ojo/los ojos
le sourcil - la ceja

Le bras - el brazo
l'épaule - el hombro
le coude - el codo
le poignet - la muñeca
la main - la mano
le doigt - el dedo

un ongle - una uña

La jambe - la pierna
la cuisse - el muslo
le genou - la rodilla
le mollet - el gemelo
la cheville - el tobillo
le pied - el pie
l'orteil - el dedo del pie

LES COULEURS - LOS COLORES

masculino y femenino invariable

rouge - rojo

rosc - rosa

orange - naranja

beige - marrón (recuerda que este adjetivo es siempre invariable: no se le añade ni /e/ en femenino, ni /s/ en plural)

ocre - ocre

moutarde - mostaza

mauve - malva

femenino añadiendo una /e/
vert/verte - verde
bleu/bleue - azul
bleu ciel/clair - azul claro
bleu foncé/marine - azul oscuro, marino
bleu turquoise - azul turquesa
noir/noire - negro/a
gris/grise - gris

femenino irregular
blanc/blanche - blanco/a
violet/violette - violeta

LA DESCRIPTION MORALE - LA DESCRIPCIÓN MORAL

Adjetivos acabados en -e (masculino y femenino)

Il/elle est - él/ella es
agréable - agradable
aimable - amable
antipathique - antipático/a
égoïste - egoísta
hypocrite - hipócrita
sincère - sincero/a
sympathique o «sympa» - simpático/a

Adjetivos acabados en consonante + -e (femenino)

Il/elle est - él/ella es
discret/ète - discreto/a
intelligent/e - inteligente
intéressant/e - interesante
intéressé/e - interesado/a
méchant/e - malo/a
ouvert/e - abierto/a

Adjetivos acabados en -eux/-euse

Il/elle est - él/ella es
orgueilleux/euse - orgulloso/a
peureux/euse - miedoso/a

Adjetivos acabados en -if/-ive

Il/elle est - él/ella es
attentif/ive - atento/a
communicatif/ve - comunicativo/a

LA DESCRIPTION PHYSIQUE - LA DESCRIPCIÓN FÍSICA

Le corps - el cuerpo

Il/elle est - es
fort/e - fuerte
grand/e - alto/a
gros/grosse - gordo/a
maigre - flaco/a
mince - delgado/a
petit/e - bajo/a

Les cheveux - el pelo

Il/elle est - es
blond/e - rubio/a
brun/e - moreno/a
châtain - castaño/a
roux/rousse - pelirrojo/a

Il/elle a les cheveux - tiene el pelo
bouclés - con tirabuzones
courts - corto
frisés - rizado
longs - largo
ondulés - ondulado
rasés - rapado

Les yeux - los ojos

Il/elle a les yeux - tiene los ojos
verts - verdes
bleus - azules
noirs - negros
gris - grises
marron - marrones
bridés - achinados

LES ENFANTS - LOS NIÑOS

allaiter - amamantar
faire du baby-sitting - cuidar a niños
un/une baby-sitter - un/a canguro
un camarade de jeux - un compañero de juegos
un petit pot - un potito
une bouée - un flotador
une couche - un pañal
une crèche, la garderie - una guardería
une nourrice, une nounou - una niñera
une poussette - un cochecito
une suce - un chupete

LA FAMILLE - LA FAMILIA

le père - el padre
la mère - la madre
les parents - los padres
le fils - el hijo
la fille - la hija
les enfants - los hijos
le frère - el hermano
la sœur - la hermana
l'oncle - el tío
la tante - la tía
le neveu - el sobrino
la nièce - la sobrina
le/la cousin/e - el/la primo/a
le grand-père - el abuelo
la grand-mère - la abuela
les grands-parents - los abuelos
le petif-fils - el nieto
la petite-fille - la nieta
les petits-fils - los nietos
la belle-mère - la suegra
la belle soeur - la cuñada
le beau-père - el suegro
le beau-frère - el cuñado
le beau-fils, le gendre - el yerno
la bella-fille - la nuera
le/la filleul-e - el/la ahijado/a

LES LOISIRS - EL OCIO

Los deportes de raqueta
le ping-pong - el pimpón
le squatch - el squash
le tennis - el tenis

Los deportes de balón
le basket - el baloncesto
le football - el fútbol
le hand-ball - el balonmano
le volley - el voleibol

Los deportes de piscina
la natation - la natación
le waterpolo - el waterpolo

Los deportes de campo
l'équitation - la equitación
la randonnée - el senderismo
le vélo - la bici
le VTT - la bici de montaña

Los deportes de sala
l'aérobic - el aerobic
l'escrime - la esgrima
l'haltérophilie - la halterofilia
la danse - la danza
la gymnastique - la gimnasia
la musculation - la musculación
le judo - el yudo
le yoga - el yoga
le karaté - el kárate

Ocio en la ciudad
l'opéra - la ópera
la discothèque - la discoteca
le cinéma - el cine
le théâtre - el teatro
un bar/un café - un bar/un café
un concert - un concierto
un musée - un museo
une exposition - una exposición

Ocio en casa
la couture - la costura
la lecture - la lectura
la musique - la música
la peinture - la pintura
la télévision - la televisión
le dessin - el dibujo
les cartes - las cartas
les jeux - los juegos
les jeux-vidéo - los videojuegos

LE LOGEMENT - EL ALOJAMIENTO

un appartement - un piso, un apartamento
une cave - un sótano, una bodega
une chambre - un dormitorio
une cuisine - una cocina
une fenêtre - una ventana
un grenier - un desván
une maison - una casa
un pavillon - un chalé
une pièce - una habitación
un plafond - un techo
une porte - una puerta
une salle à manger - un comedor
une salle de bains - un cuarto de baño
une salle de séjour - un cuarto de estar
les toilettes - los servicios
un toit - un tejado

LES MATIÈRES - LOS MATERIALES

le bois/en bois - la madera/de madera
le coton/en coton - el algodón/de algodón
le cuir/en cuir - el cuero/de cuero
le daim/en daim - el ante/de ante
la laine/en laine - la lana/de lana
le plastique/en plastique - el plástico/de plástico
la toile/en toile - la tela/de tela
le velours/en velours - el terciopelo/de terciopelo

Observa el uso de la preposición **en.**

LES MÉTAUX - LOS METALES

l'acier/en acier - el acero/de acero
l'argent/en argent - la plata/de plata
le cuivre/en cuivre - el cobre/de cobre
l'étain/en étain - el estaño/de estaño
le fer/en fer - el hierro/de hierro
l'or/en or - el oro/de oro
le plomb/en plomb - el plomo/de plomo

Observa el uso de la preposición **en.**

LES NATIONALITÉS - LAS NACIONALIDADES

masculino	**femenino**	**masculino**	**femenino**
afghan	afghane	européen	europeenne
africain	africaine	français	française
algérien	algérienne	galicien	galicienne
allemand	allemande	guatémaltèque	guatémaltèque
américain	américaine	indonésien	indonésienne
andalou	andalouse	iranien	iranienne
anglais	anglaise	italien	italienne
argentin	argentine	japonais	japonaise
asiatique	asiatique	libanais	libanaise
australien	australienne	marocain	marocaine
belge	belge	mexicain	mexicaine
brésilien	brésilienne	néo-zélandais	néo-zélandaise
camerounais	camerounaise	péruvien	péruvienne
canadien	canadienne	portugais	portugaise
castillan	castillane	russe	russe
catalan	catalane	sénégalais	sénégalaise
chilien	chilienne	suisse	suisse
chinois	chinoise	syrien	syrienne
espagnol	espagnole	tunisien	tunisienne

TODO SOBRE LOS NÚMEROS

LES NUMÉROS CARDINAUX - LOS NÚMEROS CARDINALES

0 zéro
1 un
2 deux
3 trois
4 quatre
5 cinq
6 six
7 sept
8 huit
9 neuf

10 DIX
11 onze
12 douze
13 treize
14 quatorze
15 quinze
16 seize
17 dix-sept
18 dix-huit
19 dix-neuf

20 VINGT
21 vingt et un
22 vingt-deux
23 vingt-trois
24 vingt-quatre
25 vingt-cinq
26 vingt-six
27 vingt-sept
28 vingt-huit
29 vingt-neuf

30 TRENTE
31 trente et un
39 trente-neuf

40 QUARANTE
41 quarante et un

50 CINQUANTE
51 cinquante et un

60 SOIXANTE
61 soixante et un

70 SOIXANTE-DIX
71 soixante et onze
72 soixante-douze

80 QUATRE-VINGTS
81 quatre-vingt-un
82 quatre-vingt-deux
83 quatre-vingt-trois
84 quatre-vingt-quatre

90 QUATRE-VINGT-DIX
91 quatre-vingt-onze

100 CENT
101 cent un
110 cent dix
129 cent vingt-neuf

200 deux cents
201 deux cent un

300 trois cents

305 trois cent cinq

1.000 MILLE
3.000 trois mille
6.500 six mille cinq cent
100.000 cent mille

1.000.000 UN MILLION

¡Atención!

- Recuerda que debes poner un guión en los números compuestos.
- Observa que el copulativo **et** se usa sólo con:
  - el número **un,** salvo en los casos de 81 (quatre-vingt-un) y las centenas (cent un)
  - el número **onze** sólo en el caso de 71 (soixante et onze)

☞ No olvides que **vingt** y **cent** llevan **s** cuando se multiplican, y si no van seguidos de otro número:

quatre-vingts ans - ochenta años
deux cents ans - doscientos años

☞ Los números son invariables en género:

cinq cents maisons - quinientas casas

Recuerda esta excepción:

Il est une heure. - Es la una.

LES NUMÉROS ORDINAUX - LOS NÚMEROS ORDINALES

Formar un número ordinal en francés es muy fácil:

número (menos la **e** final* si se da el caso) + **ième**

deux - deuxième
trois - troisième
quatre* - quatrième

🔔 **¡Atención!**

Excepciones:

1º premier/première
2º second/seconde
5º cinquième
9º neuvième

☞ Observa que **premier** y **second** concuerdan en género y número:

le premier voyage	la première excursion
les premiers candidats	les premières solutions
Il est arrivé second.	Elle est arrivée seconde.
Ils sont arrivés seconds	Elles sont arrivées secondes.

LES EXPRESSIONS NUMÉRIQUES - LAS EXPRESIONES NUMÉRICAS

Medidas un hectare un kilomètre (km) un hectomètre (hm) un décamètre un mètre (m) un décimètre (dm)	un centimètre (cm) un millimètre (mm) ✎ C'est un champ de 300 **hectares.** Il y a 100 **kilomètres** de chez moi à Paris. Cette voiture peut aller à 180 **kilomètres** à l'heure.

✎ Faire un **kilomètre** à pied.
C'est un **décamètre** d'arpenteur.
C'est un pré de 200 **hectomètres.**
C'est une salle de 20 **mètres carrés** (20 m^2).
Ce camion a une capacité de 30 **mètres cubes** (30 m^3).
C'est une table d'un **mètre** 50 de diamètre.
Pierre mesure un **mètre** 75 (1,75 m).
Dessinez un rectangle de 10 **centimètres** sur 20.
J'ai acheté un double **décimètre.**

Pesos

un kilogramme (kg)
un hectogramme (hg)
un décagramme
un gramme (g)
un décigramme (dg)
un centigramme (cg)
un milligramme (mg)
une tonne = 1.000 kilogrammes
un quintal = 100 kilogrammes

✎ Elle ne pèse que 50 **kilos.**
Ajoutez 500 **grammes** de farine et mélangez.
La valeur énergétique de 100 **grammes** de viande est de 235 kilocalories.

Volumen

un kilolitre (kl)
un hectolitre (hl)
un décalitre
un litre (l)
un décilitre (dl)
un centilitre (cl)
un millilitre (ml)

✎ C'est une cuve de 1000 **litres.**
Ces vendanges ont donné 700 **hectolitres** de vin.
Ajoutez 20 **millilitres** de café et **un quart de litre** de lait.
Il boit 3 **litres** d'eau par jour.

Fracciones

1/2 = un demi
✎ un demi-kilo de prunes - *medio kilo de ciruelas*
1/3 = un tiers
✎ trois est le tiers de neuf - *tres es el tercio de nueve*
1/4 = un quart
✎ un quart de litre de lait - *un cuarto de litro de leche*
1/5 = un cinquième
1/8 = un huitième

Operaciones aritméticas

l'addition - la suma
✎ 10 + 2 = 12 - dix **plus** deux **égalent** (o **font**) douze

la soustraction - la resta
✎ 10 – 2 = 8 - dix moins deux **égalent** (o **font**) huit

la multiplication - la multiplicación
✎ 10 × 2 = 20 - dix **multiplié par** (o **fois**) deux **égalent** (o **font**) vingt

la division - la división
✎ 10 : 2 = 5 - dix **divisé par** deux **égalent** (o **font**) cinq

L'ORDINATEUR - EL ORDENADOR

le clavier - el teclado
le curseur - el cursor
le disque dur - el disco duro
la disquette - el disquete
l'écran - la pantalla
l'imprimante - la impresora
la souris - el ratón
le modem - el módem
le moniteur - el monitor
le réseau - la red
le traitement de texte - el tratamiento de texto
un fichier - un archivo
un logiciel - un programa
un/e informaticien/ne - un/a informático/a
une banque de données - una base de datos

Recuerda estos verbos

allumer - encender
brancher - enchufar
débrancher - desenchufar
effacer - borrar
enregistrer - guardar
éteindre - apagar
fermer - cerrar
imprimer - imprimir
introduire - introducir
ouvrir - abrir
saisir - seleccionar

LES PROFESSIONS - LAS PROFESIONES

un coiffeur/une coiffeuse - un/a peluquero/a
un chanteur/une chanteuse - un/a cantante
un agriculteur/une agricultrice - un/a agricultor/a
un facteur/une factrice - un/a cartero/a
un acteur/une actrice - un actor/una actriz
un physicien/une physicienne - un/a físico/a
un informaticien/une informaticienne - un/a informático/a
un électricien/une électricienne - un/a electricista
un/e dentiste - un/a dentista
un/e chimiste - un/a químico/a
un/e ébéniste - un/a ebanista
un/e libraire - un/a librero/a
un/e publicitaire - un/a publicista
un/e vétérinaire - un/a veterinario/a
un/e commerçant/e - un/a comerciante
un/e représentant/e - un/a representante
un jardinier/une jardinière - un/a jardinero/a
un plombier/une plombière - un/a fontanero/a
un infirmier/une infirmière - un/a enfermero/a
un boulanger/une boulangère - un/a panadero/a
un boucher/une bouchère - un/a carnicero/a
un/e avocat/e - un/a abogado/a
un/e marchand/e - un/a vendedor/a

¡Atención!

Recuerda que no existe femenino para algunas profesiones:

un écrivain	un/a escritor/a
un médecin	un/a médico/a
un professeur	un/a profesor/a

Para expresar el femenino de estas profesiones, hay que añadir la palabra **femme:** **une femme** juge.

LES REPAS - LAS COMIDAS

Les 4 repas de la journée - las 4 comidas del día

le petit déjeuner - el desayuno
le déjeuner - la comida
le goûter - la merienda
le dîner - la cena

Les boissons du petit déjeuner - las bebidas del desayuno🔔

le café - el café
le chocolat - el chocolate
le jus d'orange - el zumo de naranja
le lait - la leche
le thé - el té

🔔 **¡Atención!**

Para mezclarlas con leche, usa **au:**

un café **au** lait	café con leche
un thé **au** lait	chocolate con leche
un chocolat **au** lait	té con leche

Les boissons en général - las bebidas en general

de l'eau - agua
de l'eau gazeuse - agua con gas
du jus de fruit - zumo o jugo
de la bière - cerveza
du vin rouge, blanc, rosé - vino tinto, blanco, rosado
du champagne - champán
du cidre - sidra
une boisson fraîche - un refresco

Le pain - el pan

le pain - el pan
le pain complet - el pan integral
du pain de mie - pan de molde
du pain grillé - pan tostado o una tostada
une tartine - una rebanada de pan/tostada

La viennoiserie - la bollería

une brioche - un bollo
un croissant - un cruasán
un pain au chocolat - una napolitana de chocolate
un pain au lait - un pan de leche
un pain aux raisins - una rosca de pasas

Les desserts - los postres

la glace - el helado
la tarte - la tarta
le gâteau - una tarta, un pastel
la crème - la crema
la crème chantilly - la nata
le flan - el flan
les culin crème - las natillas
le riz au lait - el arroz con leche
le culin pain - la torrija
le fromage de chévre - queso de cabra
le fromage de Hollande - queso de bola

Observa que debes utilizar la preposición **à:** une glace **à** la vanille, **au** chocolat, **aux** amandes.

De quels ustensiles a-t-on besoin pour un repas? - ¿qué utensilios se pueden necesitar para las comidas?

une assiette plate/creuse - un plato llano/hondo
une assiette à dessert - un plato de postre
un bol - un tazón
une cafetière - una cafetera
une casserole - un cazo
un couteau - un cuchillo
une cuillère - una cuchara
une fourchette - un tenedor
un micro-ondes - un microondas
une petite cuillière - una cucharita

un presse-agrume - un exprimidor
une tasse - una taza
une théière - una tetera

Choses à tartiner ou à ajouter - para untar o añadir
le beurre - la mantequilla
la confiture - la mermelada
l'huile - el aceite
le miel - la miel
le poivre - la pimienta
le sucre roux - el azúcar moreno
le sel - la sal
le sucre - el azúcar
le vinaigre - el vinagre

Au restaurant - en el restaurante

Se débrouiller au restaurant - desenvolverse en un restaurante
la carte - la carta
le couvert - el cubierto
le menu - el menú
le plat du jour - el plato del día
le serveur/la serveuse - el/la camarero/a
un couteau - un cuchillo
un verre - un vaso
une assiette - un plato
une carafe - una jarra
une cuillère à café, à soupe - una cuchara de café, sopera
une fourchette - el tenedor
une nappe - un mantel
une réservation - una reserva
une table - una mesa

Momentos de una comida

Choisir - elegir
un apéritif - un aperitivo
une entrée, un hors-d'œuvre - un primer plato
un plat (de résistance) - un segundo plato
un dessert - un postre
une boisson - una bebida

Commander/demander - pedir
je voudrais - quisiera /querría
je prendrai - tomaré
qu'est-ce que vous me conseillez? - ¿qué me recomienda?
je vous conseille - le recomiendo
qu'est-ce que c'est? - ¿qué es?
comme entrée, comme plat, comme dessert - de primero, de segundo, de postre
comme boisson/pour boire - para beber

¿Cómo te gusta la carne?
saignant/e - bleu/e - poco hecha
à point - en su punto
bien/très cuit/e - pasada

¿Cómo pedir la cuenta?
l'addition, s'il vous plaît - la cuenta/la nota, por favor
je vous dois combien? - ¿qué le debo?
c'est combien? - ¿cuánto es?
le pourboire - la propina

Si algo te gusta, dilo:
c'est bon/excellent/exquis - está bueno/excelente/exquisito
j'aime/ça me plaît/me gusta

Y si no, también:
ce n'est pas bon - no está bueno
c'est mauvais - está malo
c'est dégueulasse (coloquial) - está malo
je n'aime pas - no me gusta
je n'aime pas du tout - no me gusta nada

LES SALUTATIONS - LOS SALUDOS

momentos del día		saludos
le matin	*por la mañana*	bonjour (formal) salut (menos formal)
l'après-midi	*por la tarde*	bon après-midi (más o menos hasta las siete de la tarde)
le soir	*por la tarde-noche*	bonsoir
la nuit	*por la noche*	bonsoir bonne nuit (significa *¡que descanses!*)

☞ **Bonjour** se usa mientras dura el día, así que: ¡guíate por la luz! - Buenos días.

☞ **Salut** - hasta luego, adiós. No uses **salut** más que con personas de confianza (amigos, familiares, etc.) y observa que sirve tanto para saludar como para despedirse.

☞ **Au revoir** - hasta luego, adiós.

☞ **À tout à l'heure** - hasta ahora, cuando sabemos que vamos a volver a ver a la persona en el transcurso del día.

☞ **À bientôt** - hasta pronto.

☞ **À demain** - hasta mañana.

☞ **À mercredi** - hasta el miércoles.

☞ **À la semaine prochaine** - hasta la semana que viene.

☞ **Adieu** - adiós... (¡definitivo!).

LA SANTÉ - LA SALUD

aller chez le dentiste - ir al dentista
aller chez le médecin - ir al médico
aller chez le gynécologue - ir al ginecólogo...
aller chez l'occuliste - ir al oculista
attraper un coup de soleil - quemarse con el sol
attraper un rhume - coger un catarro
avoir de la fièvre, de la température - tener fiebre
avoir mal aux dents - dolerle a uno los dientes
avoir mal aux oreilles - dolerle a uno los oídos
guérir - curar, curarse
la rougeole - el sarampión
la toux, tousser - la tos, toser
les oreillons - las paperas
se faire faire des analyses - hacerse análisis
se soigner - curarse
tomber malade - caer enfermo/a
un arrêt maladie - una baja por enfermedad
un médicament - un medicamento, una medicina
un rhume, être enrhumé - un constipado, tener un constipado
un vaccin, se faire vacciner - una vacuna, vacunarse
une bronchite - una bronquitis

une douleur - un dolor
une entorse - un esguince
une feuille de maladie - un volante del seguro
une indigestion - una indigestión
une crise de foie - un ataque de hígado
une ordonnance - una receta

LES TÂCHES MÉNAGÈRES - LES TAREAS DOMÉSTICAS

faire la lessive - hacer la colada
faire la vaisselle - fregar los platos
faire le ménage - hacer la limpicza
mettre le linge à sécher - tender la ropa
ranger - ordenar
repasser - planchar

Choses de maison - cosas de casa

la poussière - el polvo
les ordures - la basura
un balai - una escoba
un évier - un fregadero
un congélateur - un congelador
une cuisinière - una cocina
un four - un horno
un réfrigérateur, un frigo - una nevera
une baignoire - una bañera
une poubelle - un cubo de basura
une table à repasser - una tabla de planchar
un radiateur - un radiador
un robinet - un grifo

Quelques meubles - algunos muebles

une armoire - un armario
un bureau - un escritorio
un canapé - un sofá
un lit - una cama
une chaise - una silla
un fauteuil - un sillón
une table - una mesa
un placard - un armario empotrado

Linge de maison - ropa de casa

une nappe - un mantel
un oreiller - una almohada
una sábana - un drap
une serviette de toilette - una toalla
une serviette de table - una servilleta
une couverture - una manta

LE TÉLÉPHONE - EL TELÉFONO

Algunos verbos importantes

appeler quelqu'un - llamar a alguien
composer une numéro de téléphone - marcar un número de teléfono
décrocher le téléphone - descolgar el teléfono
laisser un message à quelqu'un - dejarle un mensaje a alguien
raccrocher le téléphone - colgar el teléfono
répondre au téléphone - contestar el teléfono
sonner téléphoner à quelqu'un - sonar telefonear a alguien
Laissez votre message aprés le bip sonore - Deje su mensaje después de la señal
Escusez-moi, je me suis trompé de numéro - perdone, se ha equivocado de número
Non, ce n'est pas la boucherie Sanzot - no, no es la carnicería Sanzot

Algunos sustantivos importantes

un appel - una llamada
un fax - un fax
un modem - un módem
un numéro de téléphone - un número de teléfono
un répondeur téléphonique - un contestador
un téléphone fixe - un teléfono fijo
un téléphone portable - un teléfono móvil
une cabine téléphonique - una cabina telefónica

Que dire? - ¿Qué decir?

Si llamas tú:

Allo - Hola
Allo, c'est Alba. - Hola, soy Alba.
Allo, je suis bien chez Icíar? - Hola, ¿es la casa de Icíar?
Est-ce que je pourrais parler à…? - ¿Podría hablar con…?
Est-ce que Madame/Monsieur... est là? - ¿Está la señora/el señor…?

Si contestas:

Allo - Dígame
Oui - Sí
Oui, j'écoute - Sí, dígame
Entreprise X, j'écoute - Empresa X, dígame
Ne quittez pas - No cuelgue
Ne quittez pas, je vous la/le passe - No cuelgue, se la/lo paso
Je suis désolé/e, il/elle n'est pas là. - Lo siento, no está
Il/elle est en réunion - Está reunido/a.
Vous patientez? - ¿Puede esperar?
Vous préférez rappeler plus tard? - ¿Prefiere llamar más tarde?
Veuillez le/la rappeler plus tard - Le ruego que llame más tarde.

☞ Si tienes que dar a alguien un número de teléfono en francés, ¡no hagas trampas!: no digas los números de uno en uno, sino de dos en dos.

☞ Si la persona a quien llamas ha cambiado de número de teléfono sin avisarte, oirás: **le numéro que vous demandez n'est plus attribué.**

En este caso busca en la guía (l'**annuaire**) o en Internet.

LE TEMPS - EL TIEMPO

La date - la fecha

Escribir la fecha en francés es muy fácil:

el día de la semana + el número + el mes + el año
Lundi 13 Septembre 1999

☞ Recuerda que el primer día del mes se expresa con el ordinal **premier/1er:**
Lundi 1er (premier) Septembre 1999

Los días de la semana:

Lundi - Mardi - Mercredi - Jeudi - Vendredi - Samedi - Dimanche

Los meses:

Janvier - Février - Mars - Avril - Mai - Juin - Juillet - Août - Septembre - Octobre - Novembre - Décembre

☞ Puedes introducir una fecha diciendo:

→ c'est
→ nous sommes
→ on est

C'est/Nous sommes/On est lundi 13 Septembre 2002;
o
C'est/Nous sommes/On est le lundi 13 Septembre 2002;
o
C'est/Nous sommes/On est le 13 Septembre 2002.

o emplear un adverbio de tiempo:

→ hier
→ aujourd'hui
→ demain

Hier, c'était/nous étions/on était mardi 7 Septembre 2002.
Aujourd'hui, c'est/nous sommes/on est mercredi 8 Septembre 2002.
Demain, ce sera/nous serons/on sera jeudi 9 Septembre 2002;
o
Hier c'était/nous étions/on était le 7 Septembre 2002.
Aujourd'hui c'est/nous sommes/on est le 8 Septembre 2002.
Demain, ce sera/nous serons/on sera le 9 Septembre 2002.

¡Atención!

Si quieres situarte en un año, usa la preposición **en:**

en 1910, **en** 1968, **en** 1992, **en** 1999, **en** 2002

Pero si te refieres a un punto de partida, como el 2000, añade el artículo y el sustantivo (l'an):

en l'an 2000, **en l'**an 100, **en l'**an 1000

Si quieres hacer referencia a una década, usa **dans les années:**

dans les années 60

Les moments de la journée - los momentos del día

le matin - la mañana
midi - mediodía
l'après-midi - la tarde
le soir - la tarde (noche)
la nuit - la noche
minuit - medianoche
l'aube - la madrugada

L'heure/la hora

☞ Para decir la hora en francés debes recordar cuatro puntos esenciales:

➪ Usa siempre **il est,** ya sean una o varias horas: **Il est** une heure. **Il est** 10 heures.

➪ Usa siempre el sustantivo **heure/s** (¡no olvides la **s** del plural!): Il est une **heure.** Il est dix **heures.**

➪ Usa la conjunción **et** sólo en dos casos: Il est une heure **et quart.** Il est une heure **et demie.**

➪ Menos se traduce por **moins,** y si quieres decir menos cuarto tienes que usar también el artículo **le:** Il est dix heures **moins** le quart.

☞ Las siguientes expresiones también pueden ayudarte:

➪ son las doce:

→ del mediodía - **il est midi**

→ de la noche - **il est minuit**

➪ en punto - **juste o pile** (invariable)

Il est arrivé à trois heures **juste/pile.**

➪ y pico - **et quelques, passées o environ**

Il est trois heures **et quelques/passées.**

Il est **environ** trois heures (observa que **environ,** como adverbio, se coloca delante de la hora).

☞ La hora se pregunta de las siguientes formas:

Quelle heure est-il? - ¿Qué hora es?

Tu as l'heure? - ¿Tienes hora?

Vous avez l'heure, s'il vous plaît? - ¿Tiene hora, por favor?

☞ No es necesario, pero puedes usar el sustantivo **minutes:**

Il est une heure cinq (minutes).

☞ Recuerda también que después de las 12.00 h del mediodía y en función del contexto se usan cada vez más las expresiones del tipo 13.00 h, 14.00 h, etc. Normalmente aparecen en los horarios oficiales.

Moments - Momentos

après-demain - pasado mañana
cet après-midi, ce soir - esta tarde
cette nuit - esta noche
dans trois ans - dentro de tres años
dans une demi-heure - dentro de media hora
demain - mañana
désormais - de ahora en adelante
dorénavant - de ahora en adelante
l'an/le mois prochain - el año/el mes que viene
la semaine prochaine - la semana que viene
tout à l'heure - hasta luego

LE TRAVAIL - EL TRABAJO

embaucher - contratar
les congés - las vacaciones
licencier, renvoyer - despedir
un contrat - un contrato
un curriculum vitae, un c.v. - un currículo
un employé - un empleado
un employeur - un empresario
un entrepreneur - un empresario
un entretien - una entrevista de trabajo
un poste - un puesto
une entreprise - una empresa

LES VÊTEMENTS - LA ROPA

un chemisier - una camisa (de señora)
un pantalon, un short - un pantalón, un pantalón corto
un pull(-over) - un jersey
un survêtement - un chandal
un tailleur, un costume - un traje de señora, un traje de caballero
un tee-shirt - una camiseta
une chemise - una camisa (de caballero)
une jupe - una falda
une robe - un vestido
une veste - una chaqueta
un manteau - un abrigo

Ça me va? - ¿cómo me queda?
Ça/il/elle te va bien - Te queda bien.
Ça ne te grossit (un peu) - Te hace (un poco gordo/a)
Ça ne te va pas/pas du tout - No te queda nada bien.

Quelle est votre/ta talle? - ¿Cuál es su/tu talla?

Vous faites/tu fais du combien? - ¿Qué talla usa/s?

Je fais du 42, du 38 - Uso una 42, una 38

Si nos referimos a los zapatos, podemos decir: je fais (verbo *faire*) o je chausse (verbo *chausser*-primera conjugación) du 42, du 38 - calzo un 42, un 38.

Les sous-vêtements - La ropa interior
des chaussettes - calcetines
des collants - pantis
un caleçon/un slip - calzoncillos
un tricot - una camiseta
un soutien-gorge - un sujetador
une culotte - unas bragas
un string - un tanga

Les accessoires - Los complementos
des gants - guantes
une écharpe - una bufanda
un foulard - un pañuelo
les baskets, les tennis - las zapatillas de deporte
les chaussures - los zapatos
les mocassins - los mocasines
les bottes - las botas
les sandalesse - las sandalias
un porte-monnaie - un monedero
un portefeuille - una cartera
un sac à main - un bolso
une ceinture - un cinturón
une cravate - una corbata
unes boutons - unos gemelos
un nœud papillon - una pajarita
une valise - una maleta
un sac à dos - una mochila

LA VILLE - LA CIUDAD

la mairie/l'hôtel de ville - el ayuntamiento
la rue - la calle
le trottoir - la acera
la chaussée - la calzada
la banque - el banco
la bibliothèque - la biblioteca
le musée - el museo
la galerie - la galería
une église - una iglesia
un cimetière - un cementerio
un restaurant - un restaurante
un hôtel - un hotel
une auberge - un albergue
le cinéma - el cine
le théâtre - el teatro
le marché - el mercado
le marché aux puces - el rastro
le supermarché - el supermercado
la grande surface - un gran almacén
le parc - el parque
le parc d'attractions - el parque de atracciones
le garage - el garaje

les magasins - las tiendas

la boucherie - la carnicería
la boulangerie - la panadería
la pâtisserie - la pastelería
la poissonnerie - la pescadería
l'épicerie - la tienda de ultramarinos
le marchand de fruits et légumes - la frutería
la pharmacie - la farmacia
la librairie - la librería
la papeterie - la papelería
le marchand de jourmaux - el quiosco de periódicos
le fleuriste - la floristería
le coiffeur - la pelquería
la parfumerie - la perfumería
la bijouterie - la joyería
la teinturerie - la tintorería
le bureau de tabac - el estanco
la boutique - la boutique

LA VOITURE - EL COCHE

accélérer - acelerar
avancer/reculer - avanzar/retroceder
brûler un feu rouge - saltarse un semáforo
conduire - conducir
crever un pneu - pinchar una rueda
démarrer - arrancar
dépasser/doubler - adelantar
une station-service - una gasolinera
le plein - lleno
faire l'essence - echar gasolina
sans plomb - sin plomo
la boîte de vitesses - la caja de cambios
la plaque d'immatriculation - matrícula
la roue de secours - la rueda de repuesto
la vitesse - la velocidad
le clignotant - el intermitente
le cric - el gato
le pare-brise - el parabrisas
le permis de conduire - el carné
le siège - el asiento
les phares - las luces
phare code - luz de cruce
l'essuie-glace - el limpiaparabrisas
s'arrêter - parar
se garer - aparcar
tomber en panne - tener una avería
une amende - una multa

LES VOYAGES - LOS VIAJES

Les transports - los transportes

l'autobus (le bus) - el autobús
l'avion - el avión
le bateau - el barco
le car - el autocar
le métro - el metro
la moto - la moto
le taxi - el taxi
le train - el tren
le vélo/la bicyclette - la bicicleta
la voiture - el coche

Concernant les voyages - acerca de los viajes

composter un billet - marcar un billete
enregistrer les bagages - facturar el equipaje
faire une réservation - hacer una reserva
l'arrivée - la llegada
l'horaire - el horario
le billet - el billete
le départ - la salida
le vol - el vuelo
zone fumeurs - zona de fumadores

FONÉTICA

La fonética permite pronunciar correctamente los sonidos y los enlaces. Utilizar la entonación adecuada es fácil, ya que en francés el acento tónico recae siempre en la última sílaba de cada palabra. Analizaremos únicamente las letras que presenten alguna dificultad para los hispanohablantes.

CONSONANTES

consonantes	grafías	AFI	ejemplos
c	c+e, c+i	[s]	ceci, face, racine
ç	ç+a, ç+o, ç+u	[s]	façade, garçon, gerçure
g	g+e, g+i	[ʒ]	rage, girafe
j	j+a, j+e, j+i, j+o, j+u	[ʒ]	jus, jean
l	una o dos **l** antes o detrás de vocal	[l] [j]	tranquille, ville famille, travail
s	➪ al principio de una palabra, o delante o detrás de una consonante ➪ entre dos vocales	[s] [z]	soir, consonne, coussin oser, cousin
t	t+ion	[s]	émotion

consonantes	grafías	AFI	ejemplos
v	v+a, e, i, o, u	[v]	avion, vague
w	al principio de una palabra	[w] [v]	whisky wagon
x	en medio o al final de una palabra	[ks] [gz] [s] [z]	taxi exercice six sixième
z	al principio de una palabra	[z]	zèbre, zoo

¡Atención!
Algunos sonidos no existen en español:

➪ **g+e, g+i, j+a, e, i, o, u**
Este sonido es el mismo que el de la «j» catalana de «Jordi».

➪ **una «s» entre dos vocales**
Es una «s» muy floja (sonora), pronunciada sin esfuerzo muscular; se parece al sonido de una abeja o de un mosquito.

➪ **v**
Hay que distinguir entre la «b» y la «v»: la «b» es bilabial (los labios se colocan como para dar un beso), mientras que la «v» se pronuncia con los dientes de arriba tocando el labio inferior.

CONSONANTES COMPUESTAS

grafías	AFI	ejemplos	pronunciación
ch	[ʃ]	cheval, chaud	como la «ch» española quitando el sonido [t]
ph	[f]	pharmacie, photo	como la [f]

VOCALES

grafías	ejemplos	pronunciación
e eu, œu	j**e**, t**e** petit(**e**), français(**e**) h**eureu**x, des **œu**f	Corresponde a una articulación intermedia entre la «e» y la «o» españolas. Al final de una palabra es muda, pero no olvides pronunciar la consonante anterior.
-é -er -ez et ai	**été**, j'ai parl**é** parl**er**: infinitivo 1ª conjugación ch**ez**, vous parl**ez**: 2ª persona del plural, presente **et** j'**ai**, je parl**ai**, j'ir**ai**	Todas estas grafías corresponden a la pronunciación de la «e» española.
è, ê ai, eai ei e+doble consonante	p**è**re, for**ê**t je parl**ai**s, j'ir**ai**s, je nag**eai**s, la S**ei**ne **e**lle, fl**e**mme	Se pronuncian como la «e» española pero más abierta. **Excepciones:** femme + adverbios acabados en -emment (amã).
u û	m**u**r m**û**re	Corresponde a una articulación intermedia entre la «i» y la «u» españolas.

VOCALES COMPUESTAS

vocales compuestas	AFI	ejemplos
ai, ei, eai	[e]	g**ai**, p**ei**gne, je mang**eai**s
au, eau	[o]	**taureau**
eu, œu	[œ]	h**eu**r**eu**x, des **œu**fs
oi	[wa]	p**oi**re
ou	[u]	bij**ou**

¡Atención!

➪ **ai, ei, eai**

Se pronuncia como la «e» española pero más abierta. (¡No dudes en abrir más la boca aunque te parezca ridículo!)

➪ **eu, œu**

Este sonido corresponde a una articulación intermedia entre la «e» y la «o» españolas. *Excepción:* cuando se trata del participio pasado de avoir, «eu» se pronuncia como la letra francesa «u», [y].

➪ **oi**

Se pronuncia como «u»+«a» en español.

➪ **ou**

Se pronuncia como la letra «u» en español.

VOCALES NASALES

grafías	AFI	ejemplos
an, am, en, em	[ã]	av**an**t, **am**poule, v**en**t, t**em**ps
ain, aim, ein, in, im, ym	[ɛ̃]	dem**ain**, d**aim**, pl**ein**, mat**in**, **im**possible, th**ym**
on, om	[ɔ̃]	viol**on**, pomp**on**

➪ **an, am, en, em**

Es una «a» nasal cerrada.

➪ **ain, aim, ein, in, im, ym**
Es también una «a» nasal, pero se pronuncia con la boca bastante más abierta.

➪ **on**
Es una «o» nasal.

☞ Si el sonido nasal te sale mal, inténtalo con una pinza de la ropa en la nariz.

Para que practiques, te damos unos ejemplos de transcripción:

bonjour	[bɔ̃ʒur]
bonsoir	[bɔ̃swar]
salut	[saly]
au revoir	[orvwar]
trois	[trwa]
cinq	[sɛ̃k]
cent	[sã]
septembre	[sɛptãbr]
sept cent cinq enfants	[sɛtsãsɛ̃kãfã]
importante ou intéressante	[ɛ̃pɔrtãtuɛ̃terɛsãt]
la maison	[lamɛzɔ̃]

LA ELISIÓN

Es un fenómeno que se produce cuando se elimina la vocal final de una palabra monosílaba delante de cualquier otra vocal o «h» muda de la palabra siguiente. En francés, este fenómeno se marca con un apóstrofo:

☞ Cuando la vocal final es una **a**:
El único caso que lleva el apóstrofo es el artículo femenino o pronombre **la.**

Observa:

l'île	(y no: **la** île)
il **l'**aime	(y no: il **la** aime)

☞ Cuando la vocal final es una **e**:
Lleva el apóstrofo el artículo masculino **le.**

Observa:

l'enfant	(y no: **le** enfant)
l'hôtel	(y no: **le** hôtel)

Lleva el apóstrofo en los pronombres **je, le, me, te** y **se.**

Observa:

j'aime	(y no: **je** aime)
il **l'**aime	(y no: il **le** aime)
il **m'**aime	(y no: il **me** aime)
il **t'**aime	(y no: il **te** aime)
ils **s'**aiment	(y no: ils **se** aiment)

Llevan el apóstrofo **de, ne que, jusque, lorsque, puisque, quoique** y las locuciones compuestas con **que.**

Observa:

il vient **d'**Espagne	(y no: **de** Espagne)
il **n'**a pas de problème	(y no: **ne** a)
je pense **qu'**il viendra	(y no: **que** il)
viens **jusqu'**ici	(y no: **jusque** ici)
lorsqu'elle viendra	(y no: **lorsque** elle)
puisqu'ils sont contents	(y no: **puisque** ils)
quoiqu'on ne puisse rien dire	(y no: **quoique** on)

☞ Si la vocal final es una **i,** sólo ocurre cuando ésta choca con otra **i** latina:

Observa:

s'il/s…	(y no: **si** il/s)

☞ No se pone apóstrofo delante de **un, oui, huit** (y derivados), **onze** (y derivados), **Yucatan, Yémen.**

Observa:

Le oui ou le non.

Je ne connais pas **le** Yémen.

LA ENTONACIÓN

La descripción de los fenómenos de entonación de un idioma es muy compleja por ser muy variable. En la lengua francesa la entonación va asociada al último acento de la frase.

Se pueden distinguir **tres tipos de entonación:**

➪ **La entonación afirmativa** marca una inflexión que baja:

C'est possible. ➘

➪ **La entonación exclamativa** marca una inflexión que baja o que sube claramente al final de la frase:

Tu es belle! ➘

Étudiez! ➚

➪ **La entonación interrogativa**

Si no hay estructura interrogativa en la sintaxis:

→ la inflexión sube claramente al final:

C'est possible? ➚

→ la entonación interrogativa subraya siempre la parte esencial de la frase y la inflexión sube claramente en esta parte:

C'est possible ou c'est impossible? ➚

Si hay estructura interrogativa en la sintaxis:

→ la inflexión sube o baja claramente al final:

Est-ce que c'est possible? ➚

Est-ce que c'est possible? ➘

→ la entonación interrogativa subraya siempre la parte esencial de la frase:

Par où faut-il passer? ➘

Siempre puede intervenir una variación personal sobre las entonaciones básicas marcada por sentimientos (afecto, odio, etc.) o estados de humor (ironía, enfado, duda, etcétera).

LA *LIAISON*

Si se une la consonante final de una palabra con la vocal inicial de la palabra siguiente, se produce una *liaison*.

☞ **La *liaison* es obligatoria:**

➪ entre el pronombre y el verbo:
ils‿entrent

➪ entre el artículo o adjetivo y el nombre:
les‿enfants
un grand‿homme

➪ entre la preposición y el pronombre o el artículo:
chez‿eux
avec‿un professeur

➪ entre el adverbio y la preposición; recuerda estas expresiones:
de plus‿en plus
tout‿à fait

➪ entre **quand** y el pronombre personal:
Quand‿il a le temps, il me téléphone.

➪ entre el adverbio monosilábico y el adjetivo:
Il est très‿attentif.

➪ entre la preposición y la palabra siguiente:
en‿Espagne
aux‿États-Unis
en‿août

➪ entre el pronombre invertido y el verbo:
prends‿-en
vas‿-y
part‿-on?

☞ **La *liaison* está prohibida:**

➩ después de **et, selon, suivant:**

Il a mangé et il s'est couché.
Selon une scientifique.

➩ entre grupos distintos:

Ce pays est gigantesque.

➩ entre el nombre y el adjetivo, cuando el adjetivo sigue al nombre:

Un enfant étranger

➩ después de los adverbios acabados en **ment:**

Il a rapidement arrêté.

➩ con una «h» aspirada

en haut
les héros
trois hors-la-loi
en Hollande
un Hongrois